U0730832

教育教学研究与实践

常树林　著

中国海洋大学出版社

·青岛·

图书在版编目（CIP）数据

教育教学研究与实践／常树林著. —青岛：中国
海洋大学出版社，2020.9
ISBN 978-7-5670-2575-2

Ⅰ.①教…　Ⅱ.①常…　Ⅲ.①中小学—教学研究
Ⅳ.①S632.0

中国版本图书馆CIP数据核字（2020）第169195号

出版发行	中国海洋大学出版社
社　　址	青岛市香港东路23号　　邮政编码　266071
出 版 人	杨立敏
网　　址	http://pub.ouc.edu.cn
电子信箱	502169838@qq.com
责任编辑	由元春　　　　　　　电　　话　15092283771
印　　制	淄博华义印刷有限公司
版　　次	2020年9月第1版
印　　次	2020年9月第1次印刷
成品尺寸	185 mm × 260 mm
印　　张	10.5
字　　数	175千
印　　数	1 ~ 1000
定　　价	39.00
订购电话	0532-82032573（传真）

如发现印装质量问题，请致电0533-2782115，由印刷厂负责调换。

前　言

从教近 35 年，我热爱并忠诚于党和人民的教育事业，态度端正，教风严谨，工作务实，严以律己，服从大局，乐于奉献，全身心地投入教育教学工作之中。

我细心备课，认真上课，耐心辅导，及时批改作业，不断反思，适时总结。我积极参加教研教改，苦练教学基本功，不断提高上课水平和教学质量。在课堂上，我特别注意调动学生的积极性，加强师生交流，充分体现学生的主体作用，愉快教学，让学生在欢乐的氛围中学习，学得容易、学得轻松、学得愉快。我采用小组合作（groupwork）、两两合作（pairwork）、任务型语言教学（Task-based teaching method）、互动教学（Communicative language teaching method）、全身反应教学（TPR teaching method）等方法有效组织课堂教学，充分考虑每一个层次的学生的学习需求和学习能力，开展一系列的课堂活动，分流推进，让学生学有所得，得到提高。

自参加工作以来，我一直工作在教学一线，坚持教书育人，教育教学成绩突出。我深知教师工作是一份辛苦而又快乐的职业，是一项常做常新、追求无限、永无止境的工作，是一项体现良心的伟大事业，由不得半点马虎，由不得任何虚假。不行春风，难得秋雨，在教书育人的道路上只有付出，才有回报，只有坚持，才有收获。

目　录

◆ **教育教学研究篇**

◆ **教育教学实践篇**

校外学习及培训心得

校内教育教学探究

教育教学使命篇

◆ 家校共育篇

◆ 思维碰撞篇

教育教学研究篇

基于小学英语教学实践的词汇教学策略

通过多年的小学英语教学实践，我发现，英语词汇的学习成为很多学生英语学习的障碍之一，严重影响着他们英语学习的兴趣和成绩。为此，许多一线教师苦苦寻找有效的教学方法，在单词的呈现、单词的训练、单词的应用和单词的评价等教学环节做了很多尝试，但往往是希望越大失望越大，收效寥寥。俗话说："巧妇难为无米之炊。"单词学习的好坏直接关系着学生整个英语学习进程能否顺利推进，有效的词汇教学有助于学生的英语学习。

单词的学习对小学生来说并不简单，很多人刚刚接触英语，有的汉语拼音还没有掌握熟练，在这个时候学习英语的确有点困难，甚至最简单的单词有的学生也读不好。比如 nice、how、show、shout 等单词的发音，会读的人觉得非常简单，但对初学者而言，他们对 i、ow、ou 这些音的读法总是难以发准确，教师如果不及时给予指导，学生就会在错误的发音道路上继续走下去。那么，在平时的英语教学中，教师应该如何指导学生的英语学习呢？下面就结合我的英语教学，谈一下自己的看法。

一、充分利用英语的原声材料组织教学

随着信息化水平的不断提高，英语教学中的原声材料越来越多且越来越优质、纯正，在英语教学中的作用也非常突出。教师在常规教学管理中要充分利用这一优势服务教学，这样做既有利于教学成绩的提高，又有助于学生英语学习兴趣的培养，还能在学习的过程中学到地道的、纯正的英语。小学生活泼好动，善于表现，喜欢模仿，教师应抓住小学生的心理特点及认知规律，充分利用好现代化的优质原声教学资源，让学生在大量的视听中，通过听说读写译、做唱演画赛等活动，轻松学习知识。

二、 科学使用自然拼读法进行教学

古人说过，授人以鱼不如授人以渔。教师应该让学生了解自然拼读法，学会自然拼读。词汇学习对小学生来说比较困难（尤其是还没有学习英语音标的小学生），因此教会学生自然拼读单词非常重要。所谓"自然拼读法"，就是根据语言发音的自然规则归纳而成的一种发音学习方法，它是根据字母本身代表的发音以及不同"字母组合"的发音，找出相同的音源，做有条理、有系统的整合。学生可以通过认读字母及字母组合与其所代表的发音，训练其看到任何单词能够立即反应出来如何发音，锻炼孩子的正确发音，锻炼学生的独立音感，达到听音辨词、见词读音的一种超强能力。

三、 巧妙运用汉语及汉语拼音辅助教学

对于一些比较难记的单词，学生可根据自己的情况用汉语或者汉语拼音予以标记，同时教师进行科学指导。比如，在学习单词 holiday 时，学生可以标注为"好了 dei"，street 可标为"死追特"，用这样的方法学生可以很快学会读，增强学生学习的成功感和学习信心。然而，它的弊端是很容易出现单词的音准问题，因此，教师要通过标准的视听帮学生及时正音。平时的教学经验告诉我们，如果老师及时跟踪指导学生不断正音的话，学生是能够正确掌握的。

四、 适当渗透英语音标教学

对于那些接受能力强的学生来说，适当渗透英语音标学习非常重要。能够掌握正确的英语音标有助于新单词的学习、拼读，有助于学生自学能力的培养。记得教初中生学习音标的时候，我采用的是张思中先生"二十四字英语教学法"的英语音标教法，效果十分明显。在 48 个英语音标中，大部分辅音学生已经见过并且也会读，只不过汉语拼音中声母的发音与英语音标辅音的发音有区别。汉语拼音中声母的发音是拖音，声带都振动；而英语音标分清辅音与浊辅音，清辅音发音时声带不振动，浊辅音发音时声带要振动。教师在教学中一定把这一特点同学生讲清楚，因为学生早已会读汉语拼音了，这样学生掌握起来就容易多了。例如，p、b，k、g 等清浊辅音的读法，学生学起来并不太难。至于英语元音音标的学习，教师可让学生参考汉语拼音中的韵母来

标注，因为很多音的发音部位基本相同。

五、 以旧带新记忆单词

在英语教学中，很多教师在使用这种方法。随着学习过程的不断深入，学生的词汇量在不断地增加，已经会读的单词中的字母及字母组合的发音在学习新单词时会对学生有帮助。教师在单词教学中要充分利用这一优势来辅助教学。比如，教学 game 时，可先呈现学生会读的单词 name，让学生读出 name 的发音，同时教师用自然拼读法慢读 n-ame，然后引导学生试着去读 g-ame，于是学生就心领神会了。同样，学习 village 时，先出示单词 age；学 near 时，先读 ear；学 walk 时，先读 talk 等。

六、 利用破解法学习比较长的单词

在学习中，我们经常碰到一些比较长且较难读的单词。每当这个时候，多数同学往往不知所措，有时因不会读急得抓耳挠腮。在教长且难读的单词的过程中，我发现了比较好的记忆办法，即利用破解法学习比较长的单词。比如 difficult 由三个音节组成，可以把它分解为 di-ffi-cult 三部分来读；interesting 分为 in-teres-ting；wonderful 分为won-der-ful；supermarket 这样的合成词可分为 super（su-per）-mar-ket 等。

七、 利用 chant 的形式学习、复习单词

这种方法充分利用了小学生的年龄、心理等特点，大力提高了他们的学习兴趣，通过多次反复，达到熟能生巧之效果。

小学生活泼好动，喜欢表现自己，教师在教学中应及时抓住学生的这一特点，充分利用歌谣、chant 等喜闻乐见的形式来辅助英语教学。把单词编成歌谣的形式，带领学生大声地唱唱出来，有助于小学生对新学知识的记忆。比如，holiday，holiday，holidays；holiday，holiday，I had wonderful holidays；holiday，holiday，I had wonderful winter holidays. Beijing，Beijing，Beijing Opera，I learned Beijing Opera.

八、 做到词不离句，句不离情景，在英语句子中学习单词

单独去学习某个单词是枯燥的、无趣的，也是容易忘记的。然而，在英语句子

中学习单词，学习效果却非常好。学生不但记得快，而且还记得牢，不容易遗忘，学生能够在比较轻松的环境中学会新单词。例如，在学习 healthy 这个单词时，教师首先利用自然拼读的方法教会学生单词的读音，然后在句子中用上这个单词，如 Fruit is healthy. —Fruit is healthy for us. —Do you like fruit？ —Yes. It is healthy for us. 再比如学习 wrong 这个单词时，教师在教会它的读音后接着将其在句子及情景中呈现，wrong—He's wrong. —What's wrong with you？ —I feel cold. 又如，river—a river—Is there a river near the village？ Yes，there is. No，there isn't. —There is a river near the village. There are lots of rivers in the country. 这样做能帮助学生做到词不离句、句不离情景，既学会了读音，又学会了单词的用法。这种方法既可以用在新知识的传授中，也可以用在旧知识的复习过程中。

九、 利用唱歌的形式去学习英语单词

用自己喜欢的曲子去唱单词，开始的时候可以是单个单词，以后可以逐渐增加单词的个数、增加难度，有助于加深对单词的记忆。比如，在课堂我用歌曲《两只老虎》的曲调去演唱单词 holiday、difficult、different、neighbourhood、supermarket 等，学生觉得非常有趣，兴致很高，课堂气氛十分活跃，大部分学生学得比较轻松，收到了良好的效果。

十、 用"一口气"（in one breath）的方法去训练读单词

在读单词前，深呼一口气，接着尽量多地去读单词。读的时候要注意"大声、快速、准确、清晰"。同时，借助自己的手指去计算读的遍数。用这种方法可以读一个单词，也可以读一个单元的所有单词。其目的是提高学生的学习兴趣，训练学生对单词掌握的熟练程度。学生在一次次的尝试中不断获得成功的喜悦，很多同学从一开始的满脸羞涩、面红耳赤、结结巴巴，到最后读得自然流畅、准确无误、"得意洋洋"，赢得了同学们称赞的掌声，增强了自信心。

十一、 把握好课标要求，科学处理"四会""三会"单词

比如，在小学五年级英语课本"Words in Each Unit"（单元词汇表）中有这么一句

话，黑体单词要求学生能听、说、认读、规范书写，其他单词只做听、说、认读要求。在实际的英语教学中，我的要求是有能力的同学在满足课标要求的前提下，可以试着去写其他单词。这样做的好处是既没有增加学生的学习负担，又调动了有些学生的学习积极性，充分挖掘了学生的潜力，让"愁学者"燃起希望，让"乐学者"学得带劲，让"善学者"学得更多。我们可以利用"听写""拼读""汉英互译"等方法记忆"四会"单词，用"速读""慢读""汉英互译""群体接龙"等方法记忆"三会"单词。

十二、 充分利用现代信息技术助力优化词汇教学

在平时的教学中，为了抓牢夯实"及时跟进词汇复习"这一环节，我们利用 WeChat、QQ 等平台，通过分组建群的方法，让学生在群内发送语音、视频进行听读学习。尤其是疫情时在网上学习期间，这种方法起到了很大作用，得到了许多学生及家长的高度称赞。

诚然，词汇教学的方法多种多样。每位教师或许有一套甚至好几套自己成型的教学方法，很多学生已经从中受益。但任何一种方法都不是固定不变的，它应该与时俱进、不断优化，应该因人而异、因时而变，应该适合学生的年龄、心理特点及认知规律。教无定法，教有良法，适合学生发展的方法应该就是好的方法。

再谈高效课堂教学的策略

为提高学生的学习积极性，打造高效课堂，一代代的教育工作者兢兢业业，呕心沥血，不断地探索有效的教学模式，为高一级的学校输送了大批的优秀人才，为教育事业做出了突出的贡献。改革开放以来，广大的教育工作者为适应新的教育形势的发展，研究出了很多行之有效的教学方法，对优化课堂教学起到了积极的推动作用。从"满堂灌"到"目标教学法"，从英语教学的"二十四字教学法"到"课文的七步骤整体教学"，再到"先学后教、当堂训练"的教学模式等，应该说每一种教学法都有其强大的生命力，至少在那个时期对课堂教学具有一定的指导和推动作用，高效课堂的研究永无止境。

作为一名多年从事英语教学的教师，我深有体会，教无定法，但教有良法。什么是好的教法？我认为只要是从实际出发，适应学生发展、合乎学生需要、不断提高教育教学质量的方法，就可称得上是好的教学法。

一、 从教案到教学案一体化教学模式的探究

从教案到教学案一体化，然后再着手研究"学案导学"教学模式，一路走来感触颇多。21世纪初的几年里，我们致力于教学案一体化的探索与研究。在教学过程中，我们发现，为了取得良好的成绩，教师加班加点，拖堂、布置大量的作业，挤占学生的大量课余时间，这样教师累，学生更累。于是针对这一点，我们要求教师做到：制定实用、高效、务实的备课计划，把学习内容设计到每一节课，每一节课的设计内容必须一节课完成，不能拖堂或延伸到课下完成，于是就出现了剪、贴、粘、油印等各种形式的教学案一体化模式。记得当时我们没有成型的模式可以效仿，各位教师以课堂为主阵地，大胆设计，不断研究，边研究，边改进，重实用，求实效。经过全体教师的共同努力及锲而不舍的探索，最终各教研组推出了一系列的学科教学案一体化模

式，并统一由学校印制分发给师生。师生使用后都感到效果不错，老师教得得劲，教有方向；学生用起来轻松，学有所得。

二、"学案导学"教学模式的探究

为适应新课改的需要，我们有三个学科率先使用"学案导学"，经过短时间的探索与研究，学案的设计已具雏形，导学的效果已见成效。随后，其他学科也开始采用"学案导学"，并且一直坚持使用到现在。实话实说，通过这几年来的不懈努力与不断探索，受益最大的应该是我校的全体师生，大家一致认为"学案导学"的利大于弊，它有强大的生命力及存在的必要性。学案的使用促使各教研组、学科组紧紧地团结在一起，从个人的单打独斗发展到互帮互学、共同提高，在日常的教学工作中看到的是老师们孜孜不倦的身影，听到的是老师们商讨学案编写的真知灼见及课后的反思。

全体老师视质量为生命线，严以律己，乐于奉献，积极投身教改，从而使"学案导学"研究工作得以顺利进行。同时，我们也不断借鉴外地名校的先进经验，不断总结完善"学案导学"，对这一教学模式有了较为清醒的认识。

（一）"学案导学"的实施过程

"学案导学"突出学前、学中、学后三个环节，突出学前对于学习目标的把握，符合学习规律。

学前自学：将学案编写好后提前发给学生，要求根据学案初步阅读教材内容，要求学生读书要快，在阅读中找出的知识点或问题的答案，同时在书本上勾画出来并在学案上填好，边阅读，边思考，找出疑点，做好标记。在学生初步感知教材的基础上，利用形成性练习题对课前预习的情况进行检查，并不失时机地对学生进行适当的激励。

学中共学：在这个环节中，课堂是主战场，学生是课堂的主人，借鉴"先学后教、当堂训练"模式，鼓励学生勇于提问、相互解疑，鼓励学生分组讨论、合作探究、成果展示，使提问、讨论、质疑、探究、归纳、示范、练习、小结、作业等活动贯穿于整个教学过程的始终。学案中的形成性练习贯穿在整个教学过程中，讲练结合，通过提问、讨论、辨析、点拨和训练，使学生在探讨解决一个个问题中进一步理解知识、学会学习的方法、提高自身的能力。

学后巩固：充分利用所有的学案，要求并监督学生将每单元的学案装订成册，留作课后及时复习使用，借以达到温故而知新之目的。同时，教师针对学生在学习过程中出现的突出问题，加以总结、整合，重新从整体上理解和把握所学内容，设计出合理的复习学案。

（二）"学案导学"的效果

变学会为会学。"学案导学"进一步改革了学生的学习方式、提高了学生的学习水平，根据学案进行预习，避免了学生预习的盲目性，尤其对学习习惯不好的同学更为有利。他们可以根据学案逐条看书，初步理清教材内容，记录预习中的问题，使学生在学习新知识的过程中逐步掌握学习方法、形成良好的学习习惯、提高自身的学习能力。

课堂学习效率提高。通过预习学生有了认知冲突，教与学都有了明确的方向，教师只是有重点地帮助学生解决疑点，而不是面面俱到，这样教师就可以把大量的课堂时间还给学生。学案提纲充分展现了课堂的学习任务和课堂的知识结构，学生对照学案，只需做适当的记录，从而节省了大量板书的时间和学生做课堂笔记的时间，让学生的注意力集中到对问题的理解和深化上。

温故知新。将若干个学案集中起来，就是一份很不错的复习资料，简明扼要、提纲挈领，同时可以帮助学生再现学习情景，提高复习的效果。

培养能力。学案在导学和助学上的作用大，大部分学生所学的知识能在课堂内消化、理解、巩固和提高，很多思维训练和练习都能在课堂上完成，大大减轻了学生的课业负担。学生在课外可以有更多的时间去开展发挥特长、发展个性的活动，有利于全面提高学生素质。同时，学生在自学时还能提出一些问题，提出一些新的想法甚至一些教师没有考虑到的问题，课前收集这些问题，有利于教学相长。

三、"学案导学六步教学模式"的探索

所谓的"学案导学六步教学模式"是：第一步，情景导入，目标定向。导课作为教学过程的开端，如果运用得当，就能为整个教学过程奠定良好的基础，收到事半功倍的效果。优秀的课堂导入，不仅能吸引学生的注意，还要能唤起学生真实的生活经验，从而引导学生更好地认识生活、学会生活。导课的方式多种多样，可以

采用故事、游戏、问题、悬念、图像、开门见山等方式。第二步,学案引领,自主学习。第三步,合作探究,交流展示。第四步,启发引导,精讲点拨。第五步,系列训练,当堂达标。第六步,回扣目标,总结反思,使"学案导学"更加系统、更加规范、更易操作。

四、 立足课堂,研究课堂

从事了多年的教学工作,研究了多年的课堂教学,我的目标只有一个,那就是打造高效课堂,提高课堂效率。每一位教育工作者都应向"乡村教育家"蔡林森校长学习,学习他立足课堂、持之以恒的精神,其实施的"先学后教、当堂训练"教改模式一直坚持到今天;学习他"教好每一位学生"的教育理念,十几年如一日,努力实践着这一教育思想,最终造就了辉煌的教育大厦,并取得了良好的教育教学质量;学习他乐于奉献、脚踏实地的工作作风,坚持深入课堂、亲自研究课堂教学、不断完善教学模式;学习他爱岗敬业、艰苦奋斗、无私奉献、团结办作、创新进取的优秀品质,"先学后教、当堂训练"的教学模式已深入人心。因此,坚持以课堂为主阵地,深入研究行之有效的教学模式,边研究、边实践,改进的过程就是教学模式不断完善的过程。任何成功的教学模式都离不开脚踏实地的实践,这就好比在水中学游泳、在球场上练踢球一样,假如离开了课堂,任何一种教学模式都会成为无源之水、无本之木。实践出真知是有道理的,教学模式的研究不欢迎闭门造车,也不喜欢纸上谈兵。

教育工作者的任务是教书育人,要时刻认识到质量是教育教学工作的生命线,是我们的立身之本、立校之基。无论什么时候,没有了质量,就意味着败落的开始。每位教师要以高质量为荣,以低质量为耻,以办"百姓满意学校"为宗旨,让学生进得来、留得住、学得好、全面发展、健康成长,让家长满意、让政府满意、社会满意。

课堂是学生学习的主战场,课堂是学生的大舞台。在这里,学生是课堂的主人,学生是课堂活动的主要参与者。高效的课堂教学需要学生的掌声、需要学生的微笑,当然也不排斥眉头的紧缩、面红耳赤的争吵,同时更离不开老师的教学高招。研究高效的教学模式,打造高效课堂,是教育工作者永远的话题。

小学生英语课堂教学现状分析及对策

在我国小学教育阶段，英语课程占据着重要的地位。新课程标准改革以及教育的不断深入推进，对小学英语教学提出了新的要求。本文对现阶段小学英语课堂教学过程中存在的问题进行了分析，进而提出实现小学英语课堂教学效率的具体对策，为一线教师提供可行性建议。

在日益国际化、全球化的时代背景下，英语作为最重要的信息载体之一，愈发受到人们的重视。而英语教育过程中的重要阶段为小学阶段，我国《义务教育英语课程标准》明确要求：基础教育阶段的英语课程应把激发和培养学生英语学习兴趣、树立其自信心作为主要的教育任务。在小学英语的实际教学过程中，尚存在着学生精力不集中、师生互动性差、学生学习主动性不够等问题。笔者立足 40 年的教学经验，总结影响英语学习的因素有以下几个方面。

一、 影响学生学习英语的心理因素

英语课堂教学中，影响学生学英语的心理因素很多，但主要有以下几个方面：

（一）学生的认知活动的客观规律

现代心理学家认为，儿童从出生到成人的认知发展是按照不同的时期或阶段不断改变和再构的，而不是单纯的数量简单累积的过程。小学生的各种认知能力如想象、感知、识记和思维的差异不仅体现在年龄上，在相同班级的横向比较上也存在着较大的个性差异。[1]

教学经验使我们认识到，在课堂教学中，学生认知注意力的集中一般在 15 ~ 20 分钟，并且有起初注意力集中、中间会衰退、过后又恢复集中的分布特点，因此，恰当的教学方法的设计，会有效提高小学生学习注意力的趋向集中。

（二）学生的意志发展

意志是除智力之外促进学习成功的一个重要心理因素，意志发展往往与随着年龄增长的认知发展、情感发展密切相关。小学生中存在在学习方面意志能力较差的群体，听课时常分心，学习上遇到挫折不是积极地去探索、多学多问、勤于思考，而是垂头丧气、自暴自弃，导致课堂教学中精力不集中、学习效率低，造成恶性循环。另一方面，若教师组织教学失利，如授课内容过多、过难，或时间过长，教学形式单一，课堂气氛沉闷，则容易使学生感到疲劳、厌倦，学生学习不用心，听课不专一，造成学习效率低下。[2]

（三）小学生对学习的感性反馈

小学生对学习内容本身的兴趣来源于教学内容设计得生动有趣、教学方法得当、学习过程中的成就感及教师的良好评价等，这些都会促进学生积极主动地学习；而教学内容枯燥无味、学习上受到挫折加上老师的严厉批评，则会使学生厌学，学习的热情就会降低。

二、 调动学生的学习心理积极性，提高课堂教学的策略

"兴趣是最好的老师"，英语教学中只有调动学生的学习积极性，培养学生的学习兴趣，才能提高课堂效率。在兴趣的基础上，教师培养学生的思维能力、想象能力、主动参与能力并拓宽学生的创新性思维，通过英语课堂教学最终拓展学生的知识视野，从小学阶段就培养学生对英语浓厚的兴趣，培养学生的英语学科素养，促进学生英语能力的发展。笔者通过前述浅析，总结了提高小学英语课堂教学效率的对策。[3]

（一）保证教学内容和方法的吸引力，激发学生的学习兴趣

兴趣是学生学习积极性中最现实、最活跃的心理成分。人一旦对学习内容发生了兴趣，就会促使大脑处于最活跃的状态，对学习高度专注，从而促进学习的参与及效果。

而且教育心理学原理告诉我们：一个学生的智力、能力的发展，不仅包括思维、想象，而且还是一个迁移、创新的复杂过程。学生在学习过程中展开一系列复杂多变的心理活动，既要一定的时间因素，又要一定的空间条件。把学生组织到一个与学习内容息息相关的生活场景中，用启发问题的方式激发他们的兴趣，使他们以饱满活跃的情绪，主动探索问题的答案，促进思维转换能力、想象能力和迁移创新能力的发展。

根据这一原则，在英语教学中，教师应注意设置新颖的教学内容与教学方法，激发学生的好奇心和求知欲，从而提高孩子们的学习兴趣，调动其学习积极性。[4]

例如英语语法中的现在进行时，可通过让学生做各种具体动作，体现出动作正在进行。教学时可把句型写在黑板上，其他由学生自己写出并进行总结。由于与汉语动词的差异，学生容易把时态结构中的 be（am、is、are）丢掉，教学时不妨先在黑板上画一个小人头和身体，头部写动词 be（am、is、are），身体写现在分词，告诉学生 be 的适当形式 + 现在分词才构成现在进行时，二者是一个整体，就像头和身体一样不能分开，缺一不可。这样形象的比喻，可使学生受益匪浅。但是新颖又要注意适度。这里的"适度"有两层含义。首先教学内容和形式要保持一致，不能抛弃内容而片面追求形式上的新意。其次，就教学内容来说，要符合学生原有的知识水平和能力。"适度"新颖要求教师在针对教学内容与实际的基础上采用丰富有趣、有新意的教学方法来诱发学生的好奇心理和求知渴望，从而有效地激发学生的学习兴趣，调动学生的学习积极性。

（二）精心设计学生感兴趣的教学过程

教学中，教师不只是做一个能够讲好课的"演员"，更是要做一个能够把控全局的"导演"，要熟知学生的个性特点，在合理安排教学内容的速度、密度、难度的基础上，精心设计、组织好教学中的每一个环节，随时密切注意学生的专注情况，采取多样的方式调节课堂气氛，从而始终控制着学生的学习热情，提高其学习效率。

比如利用小学生乐于模仿的天性，教师可以用讲故事的方式吸引学生认真听课后，再用新单词去自由发挥、想象编简单的新故事，从而锻炼他们的英语语言表达能力。

为了吸引学生的注意力，教师准备好相关的问题，通过对照、比较等多种途径引发学生学习英语的好奇心，调动学生的积极性，在多样化教学活动的设计中，使学生的兴奋和中心围绕老师设定的目标和范围适时转移，创造既紧张又活泼的课堂教学氛围。[5]

比如在英语教学中，运用谜语、游戏等有趣的活动，既可以活跃课堂教学气氛又能辅助教学。在课堂中猜谜语，能达到活跃课堂气氛、寓教于乐之目的。例如，教授单词"panda"时，可以让学生来猜："What animal is it？ It's big. It's black and white. It lives in China."教授单词"bird"时，老师可以这样让学生猜："I am small. I can fly.

I like singing in the sky. What am I？"

再如谜语"How can you name five days of a week without speaking of Monday，Tuesday，Wednesday，Thursday，Friday，Saturday or Sunday？"这则谜语本身就复习了一周七天的英语说法，同时还可以引导着学生往"today，yesterday，tomorrow，the day before yesterday，the day after tomorrow"的方向想，由此可串联出一些常用的时间名词或词组，从而使学生在兴致勃勃中巩固了所学知识。

在课堂上，小学生对游戏有天然的兴趣与好奇，将游戏巧妙地设置安排进课堂教学中，可以营造轻松愉悦的学习氛围，提高学生学习英语的积极性和主动性，从而改善课堂教学效果。比如，在学习26个字母时，可采用"找兄弟"游戏来帮助学习字母的大小写；采用游戏"找邻居"让学生搞清楚字母的顺序。另外，还可以组织简单的故事接龙、剧本表演等让学生在快乐的学习氛围中提高英语语感。

（三）教师注重情感教学，保持和谐的课堂气氛

教师对学生学习评价的态度决定了学生对外语学习的态度和情感，这是一种很微妙的互动。在教学实践中，教师正面积极的情感应对会打开师生之间的心理交往渠道，激发学生的求知欲望，给学生以成就感，形成正面的学习促进作用。反之，教师对学生冷嘲热讽或者"恨铁不成钢"的急于求成的情绪会引起学生的逆反心理，影响学生学习英语的热情和积极性。

例如，在课堂互动中老师的每一句话、每一个眼神、每一个手势都体现出对学生的尊重与鼓励，饱含了老师的希望，这让学生感觉到老师是在关心培养自己，在情感上信赖尊重老师，在心理上产生亲切感，不由自主地去积极主动配合老师，参与教学活动，学好外语，使学习态度与对老师的情感相辅相成，形成正向循环。

（四）充分利用多媒体教学手段，杜绝哑巴英语

多媒体教学集图形、图像、动画、声音、视频和文字等功能于一体，符合学生的心理特点和认识规律，使用方便，教学效果事半功倍。比如教师可以组织同学们观看英语原版动画视频，然后分角色模仿，既生动有趣，还能强化学生的记忆，减少遗忘率，能使学生很轻松地学到知识。教师还可以借助教学课件、flash 动画、观看视频等，使枯燥的文字变成生动的画面，加深学生的印象，并且能使一篇文章的知识点有机地结合在一起，使学生在轻松生动的环境中进行情景对话、课文复述等练习，同时也锻炼

了学生的听力。

同时，也可以通过多媒体、录音软件等播放单词、对话、课文录音，使学生学到标准的语音语调，并提高英语的听力水平。

当然，教师要注意利用多媒体、录音软件、教学光盘等教学手段的使用频率和效果，不要用单纯放视频让学生看来代替正常教学，要记住教学手段是为教学目的服务的，要以学生学到知识、掌握技能、锻炼能力为目标。[6]

（五）理顺学生的学习动机，锻炼学生的学习意志

学习动机是维持、完成学习活动的重要条件，直接制约着学生学习的积极性，并由此影响学习效果。教师要在课堂上利用教学活动引领学生形成正确的学习动机[7]，而不是长篇大论地讲大道理。教师可以通过经典历史人物的故事鼓励学生在学习过程中要培养顽强的自制力和坚强的毅力。教师应锻炼学生的学习意志，当学生受到挫折而垂头丧气、厌学时，教师应给予鼓励，帮助他们分析失败的原因，培养他们勇于面对困难，敢于接受挑战，养成良好的学习习惯，并逐渐获得成功的经验。[8]

总而言之，小学英语课堂的教学内容及方法，需要教师调动最大的教学积极性，针对不同学生的特点因材施教，耐心选择课程教学手段，使学生在小学阶段就真正对英语产生兴趣，为将来的进一步学习打下良好的基础。

参考文献：

[1]赵继宏.如何实现小学英语课堂教学的高效性[J].学周刊，2020（12）：48-49.

[2]林琪.如何使小学英语课堂更有趣、更有用、更有效[J].英语教师，2020，20（04）：112-114.

[3]伊泽强.浅谈情境教学模式在小学英语课堂中的运用[J].中国校外教育，2020（09）：82.

[4]邢玉霜，陈雪.小学英语课堂游戏教学现状及对策分析[J].造纸装备及材料，2020，49（01）：191-192.

[5]巩宏梅.探究绘本在小学英语教学中的有效运用[J].英语教师，2020，20（04）：187-189.

［6］姜文婧.小学英语课堂教学互动现状与对策［J］.现代农村科技,2020（02）:70-71.

［7］陈红艳.浅析小学英语教学中学生语感的培养［J］.中国校外教育,2020（12）:74.

［8］田莉.小学英语教学中创设有效问题情境的策略研究［J］.中国校外教育,2020（12）:75-78.

提高小学生学习效率的研究

课题"提高小学生学习效率的研究"于 2017 年 9 月立项，系泰安市教育科学规划"十三五"规划课题。本课题的重点研究内容是如何提高小学生的学习效率，难点是如何找到适合我们学生的提高学习效率的科学方法。研究的主要目标：一是养成良好的学习习惯，真正提高学习效率，在学习等方面达到事半功倍的成效。二是学会主动学习，激发学生自主学习能力，提高学习效率，为养成终身学习的良好习惯打下坚实的基础。三是能在课堂 40 分钟里顺利、高效地完成教学任务，对所学的知识能举一反三，并能进行信息压缩，真正达到"堂堂清"。四是促使学困生的学习积极性有较大提高，成绩明显进步。五是课堂教学质量、学生学习效率提高，学生学习成绩有较大提高，大面积提高教学质量。课题实验实施两年多来，在各级领导、专家和有关部门的大力支持下，经过全体实验师生的共同努力，现已取得令人满意的成果，教师的教育教学能力得以普遍提高，学生的学习效率有所改观，培养了学生浓厚的学习兴趣，从而进一步端正学生的学习态度，培养其自主学习意识，从而提高其学习成绩，学校的教育教学质量也有显著提升。

一、 课题研究问题

20 世纪上半叶，西方国家就已经开始了关于课堂教学有效性的研究，根据教师在课堂上的教学行为以及教学特征来确定影响教学有效性的因素。

20 世纪中期，部分西方国家对于课堂质量以及教学的有效性研究不单单局限于教师的角度，越来越的研究者将目光投向了学生的学习方式。教师教学的有效性和培养学生对于学习的兴趣有着密不可分的关系，学习方式的创新成为主流趋势。

20 世纪后半叶，《学会生存》中联合国教科文组织提出：学校教育应使每个学生学会生存、学会学习、学会合作、学会发展。中国有句古话说得好：授人以鱼不如授人以渔。中西方文化在这一方面的说法不一样，但传达出来的意思还是一样的，都讲究学习方法，即学会如何去学习比学会学习重要得多。如同我们国家现如今开展的素质教育不提倡填鸭式教学，更注重的是学生德智体美的共同发展，推进学习方式的科学化，用我们自己的话来说就是变通地看待学习问题。本课题在国内外已有很多教师从不同角度、不同层次和不同范围加以研究，发表的论文也多达数千篇，也取得了一定的效果。本课题主要研究解决以下几个主要问题。

（1）学生学习的具体表现与学习效率提高的联系。

（2）打造高效课堂与学习效率的提高有什么密切的联系？

（3）如何提高学生自主学习能力？

（4）如何提高学生的学习兴趣和克服学生厌学的策略？

（5）学生的学习基础、知识背景方面对学习效率的影响。

（6）有效的学习方法有哪些？它们对学习效率的提高有何推动作用？

（7）小组学习在提高学习效率方面的作用。

（8）课堂环境对学生学习效果的影响。

（9）城乡学生学习态度的差异及影响。

（10）当今社会学生思想、言行对学习效率的负面影响有哪些？

（11）和谐相处在提高学生学习效率中所起到的作用。

（12）如何利用"学案导学"提高学生的学习效率？

（13）家校联手对学生学习成绩提高的积极作用。

本课题的重点研究内容是如何提高小学生的学习效率，难点是如何找到适合我们学生的提高学习效率的科学方法。研究的主要目标如下。

（1）培养学生良好的学习习惯，提高学习效率，在学习等方面达到事半功倍的成效。

（2）培养学生主动自主学习的习惯，为终生学习打下坚实的基础。

（3）能在课堂40分钟里顺利、高效地完成教学任务，对所学的知识能举一反三，并能进行信息压缩，真正达到"堂堂清"。

（4）学困生的学习积极性有较大提高，成绩明显进步。

（5）提高课堂教育教学质量，调动学生的积极性，有质有量地完成课堂学习任务，提高学生学习成绩，达到大面积提高教学质量的目的。

二、 课题研究背景和文献综述

"教育教学质量是学校的生命线，提高教育教学质量是一个永远不过时的话题。"作为教育工作者，我们深知肩负的重担，既要倡导学生积极参加各种有意义的文娱体育活动等，又要保质保量地完成比较繁重的教学任务，确保教学质量不下滑。要做到这一点，提高学生的学习效率显得至关重要。然而，对目前的教育教学情况分析后，不难看出，绝大部分小学生，尤其是城乡结合部的农村小学生，由于家庭及社会环境的影响，加之对理想信念的追求不高和学习效率的低下，导致学习成绩下滑严重。我们做过一次调查，究其原因不怪乎以下几个方面。

1. 从学生个人对待学习的情感、意志、动机等方面看

（1）学习动机不明确，目标不高远，动力不足。有1/3的学生对自己的学习状态漠不关心，1/3的学生对自身的学习方法等很满意或满意，不到1/3的学生表示自己的情况并不乐观。学生对学习的总体状况没感觉，表明学生对学习缺乏明确的目标和动机，对学习存在一定的概念模糊。

（2）对待学习的情感消极、倦怠，求知欲不强烈。40.9%的学生对自己每天的学习效果满意或很满意，32.8%的学生对自己的学习效果不清楚，另有不到7%的学生对自己的学习效果不满意或很不满意。对自己的学习效果不清楚表明学生对自己的学习效果缺乏自我预期，学习存在一定的盲目性。这样的学生没有明确的学习目标和目的，学习只是为了应付老师和家长，对他们来说学习既没成就感，又没意义。

（3）学习自信心不足，独立性不强。课上不积极举手回答老师提出的问题，课下不独立完成作业，害怕提问题，担心出错误等。

（4）意志、毅力缺乏持久性。

（5）学习习惯不好，注意力不集中。

（6）对学习的课程喜好不一，学习兴趣呈多样化。

2. 从学生的学习基础，学习习惯方面看

（1）良好学习习惯的养成存在差异。

（2）知识储备的多少因家庭环境的好坏、家长的素质高低而不同。

（3）对新知识的接受较慢、表达较难、准确掌握和运用不到位。

（4）对薄弱学科无所适从，需要教师的指点和耐心。

3. 从学生学习方法上看

（1）科学合理的学习方法尚未形成。

（2）学习缺乏主动性。

4. 学习环境对初中生学习影响程度不一

（1）生活在父母身边的学生占被调查总数的 77.3%，加上生活在祖父母辈身边的 12.7% 的学生，约 90% 的学生生活在直系亲人的身边，因此家庭环境对初中生的学习生活影响最大。在回答"家长关心"的问题时，有 53.6% 的同学认为家长全面关心自己，31.8% 的同学认为家长只关心学习情况，这充分说明家长对孩子的关注程度对孩子的学习影响很大。

（2）学校学习环境方面。校容校貌、班容班貌对学生的学习有一定的影响作用。

（3）社会环境对学生的影响。负面效应大于正面影响。

5. 国内对这一研究也很多，主要是针对各科特点，研究某一学科、某一方面如何提高学习效率

通过书刊、上网检索，我们所能查到的同一研究领域的研究资料有以下几例：《课堂教学中如何提高学生学习效率的研究》《如何提高课堂效率的教学研究》《如何提高小学英语课堂效率》《有效数学实践活动与提高数学学习效率的研究》《排除心理障碍，提高学习效率的研究》《利用常规媒体与计算机媒体组合，提高课堂中学困生学习效率的研究》《数学课堂中口头表达对提高学习效率的研究》《多种教学媒体配合教学与改变数学学习方式、提高学习效率的研究》《在数学教学中如何改进课堂提问提高学习效率的研究》《优化作业环节，提高学习效率的研究》等。

6. 我们认为，高效学习主要是指学生在单位时间内所产生的学习效率

同样是听课，有的同学听得认真，记得仔细，收获颇丰，这样的学习就是高效。做一套同样的测试题，有的学生用时很长且错误较多，有的学生速度很快且错误较少，那么后者就是高效。因此，教师理应在一种先进理念的指导下，积极指导学生运用科学的学习策略，不断提高学生的学习效率。

在本课题的研究中，我们主要参考了以下理论。

（1）认识理论。

① 皮亚杰的认知心理学理论。

② 维果斯基的"最近发展区"理论。

③ 建构主义理论。

（2）课堂学习理论和原理。

① 行为主义课堂学习观。

② 认知主义课堂学习观。

（3）其他：一些教育性文件、新课程标准等。

三、 课题研究程序

本课题与国内外的一些研究成果目的性都是一样的，就是研究如何提高学生的学习效率，只不过是研究的侧重点不同而已。大多数研究主要是从某一方面研究如何提高学生的学习效率，如通过实践活动、排除心理障碍、课堂口头表达、优化作业环节，而我们面向的是小学生，研究的是通过培养学生良好的学习习惯，传授科学的学习方法，让学生掌握各学科各环节的自学方法，养成良好自觉学习的习惯；充分发挥家长委员会的作用，更新家长的家庭教育观念，家校携手培养学生正确的成才观；各学科实施低重心教学，打造高效课堂，达到"堂堂清"，让学困生重新燃起学习的火焰，提高学习的兴趣、积极性，提高学习质量。

本课题研究遵循科学的研究方法及策略，从整体和动态的角度分析考察课题研究的运动过程，使研究系统发挥最优功能。本课题遵循面向全体原则、教育均等原则、教育充分性原则、尊重学生个性原则、能力平衡原则、学生主体性原则。在实际的研究过程中，我们运用了以下几种方法。

（1）运用文献资料法，加强研究人员的理论学习，努力提高理论水平和实践能力，理论指导实践。根据我国现阶段教育发展趋势，取其精华去其糟粕，学习成功的经验，为我所用。

（2）运用调查法，主要调查教师教学和学生学习的态度、策略与效果，了解师生关系的和谐性，及时掌控常态化课堂教学具体情况，科学调整课堂教学模式，坚持用事实说话，将阶段性的调查问卷贯穿整个研究过程中。

（3）运用统计法、列表法反映教师的教育教学情况、学生成绩等。

（4）运用行动研究法，通过在日常教学活动以及素质拓展活动中的观察，发现学生在自然状态下的行为表现，去研究发现更适合该学生的教学方法，不断研究，不断发现问题、解决问题，使师生共同成长。

（5）运用个案研究法，主要选取典型课例、实验对象等，并且对所研究的课例实验对象进行有效的分析对比研究，从而提出下一步的建议。

（6）运用经验总结法，教师通过学习、实验、总结教学实践中的成功经验，形成符合本学科特点的教学策略和学习模式，并撰写论文。

在课题发动准备阶段，我们在全校师生中进行全员发动，发放调查问卷近2500份，如期完成任务，掌握了课题研究的第一手资料。学校成立专门的课题研究领导小组，对课题的研究工作进行全过程的跟踪监督与指导，制定并完善课题研究方案、各种研究制度，确保本课题各项工作的有序开展。

本课题是"泰安市教育科学'十三五'规划"课题，于2017年9月 日被批准立项，同年10月24日召开课题开题会。本课题的研究，适应了目前新形势下，尤其是规范办学行为、推进培养学生核心素养这一形势的需要。加强学生核心素养的培养，就必然要求我们提高学习效率，更好地促进教育教学质量的提高。

本课题组成员均为第一线的教师，教龄均在15年以上，教学经验非常丰富，对学生极为了解，熟悉校情和学生的具体情况，具备进行研究、实验的有利条件。再加上学校对本课题的研究非常重视，积极提供人力、物力支持，为课题研究创造了浓厚的氛围。课题研究成员充分利用课余闲暇时间，利用学校提供的专门的研究时间以及牺牲个人休息的时间，保证了课题研究有实效、有质量。

为确保课题研究的顺利进行，学校提供足额课题研究资金，加大课题研究的经费投入。学校重视过程性管理,定期召开课题研究小组成员会议，及时汇报研究进展情况，及时反馈，及时总结，并撰写出阶段性总结报告，收集研究成果。学校还定期聘请知名专家到学校调研指导，并经常派出课题组研究成员外出参观学习。同时，学校购买了大量的有关书籍，用科学的理论来充实课题组成员的大脑，开阔我们的视野，了解教育改革的最新动态。

学校精心挑选了第一线教学经验丰富的骨干教师，并指定专人负责课题研究，形成了主持人—研究小组负责人—课题研究人员"三位一体"的工作模式。组织体系精干，课题研究经验丰富，这些都为课题研究工作打下了坚实的基础。

（1）发动准备阶段（2017年1月至8月）。本阶段负责人：周广军、王中军、袁路琦。

确定实验年级及班级：课题组对学校各班级进行论证考察；实验班级的选择条件是：参与教师业务能力强，责任心强，善于接受新的教育教学思想，协调能力强，选择班级要具有代表性。

组织各项问卷调查，摸清学生学习现状、学习需求以及影响学习效率的问题要素，积累好数据和材料。经过我们一个月的调查研究，得到了比较珍贵的一手资料。

从整理的结果得知，有许多同学在学习上没有明确的目标和正确的学习方法，盲目学习造成对学习的厌烦情绪，从而形成被动的学习状态，仅靠老师在课堂40分钟的讲解达到学习目的；有时学生还由于学习环境和身心状态的不佳，从而影响听课的效率。另外，有些学生没有主动性，大多数同学都是在老师的严管或者家人的监督下才能够学习，久而久之，一些同学对学习没有了兴趣，对学习效率有很大的影响，从而导致成绩不能提升。

（2）实施阶段：（2017年8月至2019年12月）。本阶段负责人：张慧婷，王冬华，宋绍青，孙璐璐。

课题研究的主要过程：

① 加强宣传学习，提高课题研究意识，提升课题研究水平。

* 提高参与意识。学校教研部门及课题组全体成员十分重视本课题的研究工作，多次召集会议讨论与研究实施方案，并利用业务学习等机会动员教师了解课题、参与课题、实践课题，提高全体教师参与课题研究的意识。学校还为每一位参与课题研究的教师购买了一本《有效学习》，给广大教师的理论知识提供条件，为课题研究提供充分的资料准备。

* 理论学习贯穿课题研究的始终。我们在研究初期组织了教师学习理论知识，在全体教职工中开展如何进行有效学习、提高学习效率的方法研究，总结提出了开展这项工作的建议，找到了课题突破口。通过讨论、撰写体会，把全体教职员工的思想统一到"如何提高学习效率"上来。利用升旗、墙报、宣传栏等，营造"高效学习"的

氛围，为后续的理论学习打下了基础。

②加强课堂有效学习，发挥课题研究实践功能。

*分解目标，落实到人。在广泛宣传和理论学习的基础上，对课题研究工作的重要性、必要性和紧迫性达成了共识。为了课题研究工作的顺利开展，全体实验教师全心全意、任劳任怨地投入课题研究中，为课题研究工作出谋划策；课题小组定期召集课题组成员，制订课题阶段性研究计划，确定研究方向，分解研究目标，让每一位参与的老师明确任务，顺利开展课题研究工作，重点指导骨干教师的备课和上课，把新的教学方法和手段运用到课堂教学当中，充分发挥课题研究的指导作用。

*初步实践，走进课堂。根据课题研究的需要，为了进一步促进教师专业发展，通过学习"高效学习"理论和探索"高效课堂模式"，深化课堂教学改革、打造青年教师队伍、培养和挖掘人才，学校每学期举办一次青年教师课堂教学评比大赛。大赛旨在将教学评比作为教师实践反思、深入研究"高效学习"理论的策略和措施。所有教研活动搞得有声有色，参赛教师们提供的各种讲课精彩纷呈，令人震撼。

*定期总结，加强分析。在初步实践的基础上，定期总结每个阶段采取有效学习的得与失，为下一阶段更加高效地实施高效学习提供依据。

*形成制度，有序开展。随着课题研究的深入开展，我校的课题研究工作已经纳入学校的教育教学常规管理之中。为此，我校专门成立了课题研究领导小组，定期组织召开课题领导小组会议，研究课题实施阶段性计划，及时总结研究经验，对实验教师进行集中培训，使教师能够尽快提高学生学习的有效性，为下一步课题研究的顺利开展打下坚实基础。同时，学校还建立并健全管理机构，完善各项管理制度。

③层层推进，推动课题研究向纵深发展。

*加强骨干教师的示范作用，以点带面，全面开花。打造课题研究骨干队伍、做好课题领头示范工作是课题研究工作的当务之急。我们在掌握了一定教科研理论的基础上，组织骨干教师攻关，以点带面实施课题研究。我们在课堂教学方面，重点以"学案导学——六步教学模式"为突破口，充分发挥学生的主体功能，还原学生的主体地位，以生为本，以学为主，最大限度地提高课堂学习效益。在课外学习方面，侧重于学生的学习态度、学习习惯、学习品质、学习方法等非智力因素的整体构建，因此促进学习效率的整体提高。

*重视校本教研工作，推动课题研究向纵深发展。学校还将"高效学习，提高效率"研究作为 2018 年、2019 年暑假校本培训的一项内容，除了理论学习外，还观看了相关专题讲座，并撰写了大量有关提高学习效率的论文和心得。

④ 加强交流实践，全面推进课题研究。

*合作交流，形成经验。随着课题研究的推进，课题组成员力求做到理论与实践的有机结合，边研究，边实践，边总结，边改进。

在研究中，课题组强调了集体备课的重要性。在每一个学期开学前期，参与课题研究的老师分学科研究教材内容，按章节分工设计出较为科学的教案、学案，并在备课组内交流自己的设计思路及设计意图。其他教师在认真倾听的同时，说出自己的观点和建议，从而使教案、学案等得到优化完善。在评课环节，大家畅所欲言，共同探讨如何在课堂教学的各个环节实施高效率的工作，如何恰到好处地把已经学习的理论知识与自己的教学实践结合起来。在理论学习、课堂实践的基础上，通过开展课题研究、教师和学生举行座谈会、网上教学研讨等形式，分享教师们的成功经验等。在课题实施的各个阶段中，要求每位教师将自己在学习与实践中的经验和体会，上升到一定的理论层次，反复调整校正高效学习理论的实施策略，上交多篇关于提高学习效率等方面的论文和案例，并择优向有关刊物推荐发表。

*不断实践，勤于反思。有了一些比较成熟的经验和做法后，学校要求课题组成员能够不断实践，勤于反思；经常对照课题的研究目标，分析研判研究的收获与不足。这主要基于以下几个方面的考虑：一方面要培养教师的自我反思能力，一名合格的老师在日常的教育教学活动中不仅要紧抓孩子的发展，还要反思自身，在集体反思和个人反思的过程中，找到他人的闪光点、自己的不足，及时改正，不断学习，从而拓宽专业视野，推动课题的深入研究。另一方面，新课程本身的发展需要教学反思。"有效学习，提高效率"是一项任务艰巨而复杂的系统工程，也是一个需要在实践中逐步实验、不断完善的体系。教师是课题研究的具体实施者，这就需要教师不断反思，提升自己的理论素养。

*深入课堂，层层推进。现在，我校的课题研究工作由课题组成员的参与研究到骨干教师的示范带动、从专家的理论引领到向全体教师的经验辐射，我校的课题研究工作已逐步转向全面推进、人人参与、个个实践的良好局面。

四、 研究发现

在课题的研究过程中，课题组全体成员把主要精力放在大力探索提高学习效率的方法方面，有了一些收获。

（一）要真正做到大力提高小学生的学习效率，首先要弄清影响小学生学习效率的因素

1.学生的身心状态

首先，学生的学习观念对学习效率有很大影响。其次，在生理方面，大脑使用过度产生的疲劳感，也会对学习效率产生很大影响。此外，学生是否有一定的知识准备，或已有的知识是否结构化、条理化，对学习效率的高低有着十分重要的影响。

2.学生的学习动机

学习的积极性与学习效率有着极为密切的关系。学习目标不明确，缺乏学习兴趣，对自身要求也不高，认为学习枯燥无味，不喜欢学习，必然严重影响学习效率。

3.学习兴趣

兴趣是学习中的第一位老师，学生喜欢上了学习，无论何时何地都会非常认真地去对待学习。培养激发学生学习兴趣，在保质保量地完成学习计划的同时不断强化学习动力，不仅能有效地提高学习效率，而且与延长学习时间、增加学习强度这些方法相比有着更为显著的效果，学习效率也会很快地提高起来。

4.学习对象

在日常的教学活动中，学生对于简单形象的学习内容更易接受，学习效率自然比较高，而对一些比较抽象且难理解的科目学习效率会相对较低。总有学生说理科难学、文科较容易，可能就是这个原因。总之，学习对象的难易程度与学习效率有密切联系。

5.学习环境

良好的学习环境，对学习效率有着重要的影响。例如，有些学生喜欢在学校学习，认为教室的学习气氛有利于安心学习。

（二）提高学习效率的方法

方法得当能使学习者省时省力，学得轻松，学得带劲；相反，如果方法不科学就会费时费力，学得辛苦，学得枯燥乏味，效率低下，收获寥寥。任何一个学

生都梦想着有高效的学习知识的方法，然而，往往事与愿违。很多学生每天把大量的时间花费在学习上，有的甚至苦苦学到深夜，睡觉的时间寥寥无几，天天搞得身心疲惫，昏昏欲睡。这种状态下的学习效果可想而知，绝对不会是事半功倍，只能是事倍功半。因此，学习需要讲究方法，方法对了就能提高效率。那么，应该如何提高学习效率呢？

我们最经常犯的错误就是被动学习而不是主动学习，要想提高学习效率，首先就是要学会主动学习，做学习的主人，这就要求我们把握以下几个步骤。

1. 抓好课前预习

预习是学习中的重要环节之一，教师要重视对学生的预习指导。预习的目的是初步了解教材的基本内容，弄清楚已知知识，更重要的是找出自己不明白的难点和疑点等，事先做到心中有数，有的放矢。古人云："知己知彼，百战不殆。"听课前搞好预习意味着自己能打有把握之仗，做到不盲目地学、做到有目的地学。这样，就能使自己的学习由被动变主动，从而学得有效、做得扎实。当然，提前预习不只是草草读读课本而已，而是一件非常严肃的事情。预习的过程需要思考和记录等，有条件的话最好做些预习方面的题目，效果会更好。实践证明，提前把功课预习到位的确能大大提高学生的学习效率。

2. 掌握正确的听讲方法

听课时，精力要专注，要随时跟上老师的思路，结合在预习中遇到的问题，认真仔细地倾听老师讲解；要积极参与老师组织的各种课堂活动，思维活跃，讨论热烈；要大胆提出问题，虚心接受不同意见。同时，要重视做好课堂记录。俗话说得好："好脑筋不如烂笔头。"过目不忘的人毕竟是少数，对大部分学生来说，做好课堂笔记有助于课下巩固复习所学知识，及时排疑解惑、深化提高。

3. 要及时复习

再好的记忆力也会有遗忘，德国心理学家艾宾浩斯的研究发现，遗忘在学习之后立即开始，而且遗忘的进程并不是均匀的，最初遗忘速度很快，以后逐渐缓慢。学完新知识后的最初一段时间，忘记的速度最快。那么应如何抑制遗忘的速度呢？答案很明确，那就是及时复习。实践告诉我们，同遗忘做斗争的最有力的武器是不断地复习。课后复习能更深刻地理解消化所学知识，构建知识网络，举一反三，融会贯通。

4.正确对待作业

托尔斯泰说过:"知识只有当它靠积极思维得来的时候,才是真正的知识。"老师讲得再好、笔记记录得再多也不是学习的全部,真正把所学知识完全内化为自己的东西并达到灵活运用的目的,还得通过课下作业的完成来进行转化。在课下我们充分利用 QQ、WeChat 等聊天工具,辅助教学,优化辅导,取得了显著的效果。

5.加强课外学习

课本知识的学习是受限制的,一个优秀的学习者绝对不会把自己的学习禁锢在课本之中,而是广开思路,涉猎广泛,积极开展课外学习。通过这种学习方式,把自己课内所学知识与生活实际、社会生产、具体实践有机地结合在一起。因此,教师要在不断帮助学生加深对课内所学知识理解的同时,还要鼓励他们不断开阔眼界,拓宽思路,激发求知欲望和学习兴趣,培养学生的自学能力与习惯,使他们受益终生。

五、 课题研究主要成果

(一)理论成果

教师要真正实现课堂教学的三维目标(知识与技能、过程与方法、情感态度与价值观),构建起较为完整的教学目标体系,完全由以知识传授为主转向以学生的发展为目标,就必须积极探索各科有效的课堂教学模式,切实做到向课堂40分钟要质量、求效益,探讨教师为主导、学生为主体、训练活动为主线的高效课堂教学模式。通过本课题的研究实践,我们的课堂教学基本实现了以下几点突破。

1.重视优化课堂导入

有艺术性、趣味性、自然流畅的课堂导入是一堂课成功授课的开始,如果把这个环节设计处理好的话,学生会很快进入学习角色,带着强烈的学习兴趣、求知欲望投入课堂的学习之中,老师的教学效果和学生的学习效果一定会得到大的提高。

(1)课堂导入的方法很多,不同的课型、不同的授课内容决定着导入方法的不同。但是无论是新授课、复习课还是单元讲评课,激发学生兴趣和探索欲的导课是非常必要的。我们的老师在课堂上经常使用以下几种方法:一是通过设置不同的悬念来调动学生的学习积极性。让悬念紧紧地吸引着学生的注意力,让他们积极思考,保持一种持续的浓厚的学习兴趣。二是引发学生们的好奇心。小学生对任何事物都充满着好奇，对答案的寻找总是非常迫切，求知欲非常强烈。三是设置攻克难关的情景，来激发学生的学习兴趣。

（2）运用歌曲、成语、名言等来导课。根据讲课内容和学生的认知特点，使用切题的歌曲、成语、名言来导课，同样能激发学生的学习兴趣。

（3）在实际教学中，要尽量做到课堂教学生活化，结合学生的生活实际，寻找激发学生兴趣的导课切入点。这样做的好处在于能让学生感受到知识的学习并非枯燥无味，而是源于生活，源于实践。整个知识的学习是从实践到理论再到实践的过程。

2.改革课堂教学模式，优化新课讲授

（1）教师为主导，学生为主体，学生是课堂的主人。因此，教师要以人为本，以学生为主体，要面向全体，真正做到变讲堂为学堂，变被动学为主动学，变要我学为我要学，最大限度地调动学生的学习积极性和主动性，增强学生的自信心和必胜心，努力提高学生发现问题、分析问题、解决问题的能力。教师要吸收传统教学模式中的优点，不断改革优化新的课堂教学模式，大面积提高教育教学质量。

（2）教师是导演，学生是演员。优化课堂教学离不开的话题之一是精讲多练，少讲不讲。在课堂上，教师要做到必须讲的尽量少讲，不用讲的一点也不讲，教师不能取代学生的位置，把学生该做的事都做了，到头来自己讲得辛苦、学生听得很累，一节课死气沉沉、收获甚少。

3.优化课堂训练，做到"堂堂清"

一节成功的课离不开精彩的导课，丰富的活动、大量的训练，也离不开课堂的检测。学生听课的效果如何，对知识掌握得怎样，只能通过课堂检测来判断。因此，做到"堂堂清"不失是一种好方法。

（1）科学设计课堂达标试题。教师结合所学知识，精心设计课堂达标训练题，力争做到题目要有代表性、针对性，难易要适中，不随意拔高，又不能过于简单。千万不要搞"一刀切"，要分流推进，既考虑到优等学生的能力，还要考虑到其他学生的水平，力求使不同层次的学生都能获得成功的喜悦。

（2）课堂是教学的主阵地，训练是教学的主线。向 40 分钟要质量、要效益不是一句口号，而是坚持以教师为主导、学生为主体、训练为主线的具体体现。只讲不练的课堂绝对不会高效，但是针对课堂上出现的重难点、特殊问题、易混易错问题等进行重点训练、反复练习、及时诊断等贯穿于课堂教学始终的训练活动一定是高效的。

4. 课堂小结优化

课堂教学终了要进行小结。小结时要求学生参与归纳、总结，可与同桌、同组同学讨论，然后教师进行辅导点拨，然后继续让学生小组讨论，最后教师在此基础上敲定。当然，小结要字斟句酌，切中要点；既要言简意赅，又要画龙点睛；既便于学生理解，又便于学生记忆，从而升华学生对知识的理解与掌握，促进学生知识的迁移，将课堂小结的功能发挥到最大化。

5. 优化作业布置

作业是对学生已学知识的检查与巩固。作业布置切忌"一刀切"，必须进行分层：结合学生的自身学习情况，对各个层次的学生进行分层作业布置，布置所有学生都需要巩固的基础题，为学有余力的同学准备能力提升题，使不同阶段的学生都能得到稳固的提高。

（二）实践成果

教育科研是学校发展的原动力，是学校发展的先导。通过本课题研究，极大地推进了学校课改的进程，推动了学校素质教育的开展。

1. 通过课题研究，有力地推动学校课改进程

本课题是围绕学校的课程改革而设立的。我们以教研组为单位进行分解，要求每位参与的教师都要成为研究者。通过课题的研究，促进广大教师学习、研究新课程，不断更新自己的教学观念，大大提高了参与教师实施新课程的能力和水平。

2. 通过课题研究，有力地推动了学校素质教育的开展

本课题的研究旨在充分发挥学生在课堂内外的主体作用，提高学习效率，进而提高学生自主学习的能力。我们在研究过程中，在确保良好的教学效果和较高教学质量的同时，全面开展个性化教育和特色教育，有力地推进了学校的素质教育。参与实验班级先后有多人被评为市级优秀学生。

3. 通过课题研究，参与实验班级的教学质量得到了显著提高

在课堂教学中，充分体现以学生为本、"一切为了学生健康成长"的理念，最大限度地提高教学效率，充分调动学生学习的积极性和主动性，学生乐学、会学，课堂教学效益得到了较大提高，各科成绩日趋上升，学校整体教学质量得到了明显提高。

自课题研究以来，参与实验的班级，学生的精神面貌、学习习惯、学习效果得到了较好的改观，学生的期末学业成绩在全校乃至全区名列前茅。

六、 课题研究后的建议

在课题研究过程中，我们做了大量工作，但从实际来看，还存在一些问题。

1. 对课题研究工作的认识不足，思想重视程度还需提高

我们教师有时认为搞研究是大学教师或科技工作者的事，既看不到社会效益，更看不到经济效益，所以投入课题研究的热情不够高。

2. 部分年级尤其是高年级段的班额过大，影响了课堂教学的效果

在实验中，教师没法关注到每一位学生，使个别教学策略在教学中不易操作。

3. 在实际的课题研究中缺乏专家、学者的指导，缺乏强有力的理论支撑

由于教育科研所涉及的知识领域多，小学教师理论功底本身不够深厚，可借鉴的资料又很少，因此，需要专家、学者进行有针对性的辅导，把平时教学中积累的经验升华为理论。

总之，成绩已属过去，探索的道路还相当漫长。在以后的课题研究中，我们将加大研究力度，充分发挥教学科研的先导作用，为我校"和美"教育教学的大发展做出我们应有的贡献。

让读书成为一种习惯

中华民族自古以来就很重视读书。刘向说："书犹药也，善读之可以医愚。"古人读书是件多么辛苦的事情，"头悬梁，锥刺股"，"三更灯火五更鸡，正是男儿读书时"，这些语句生动地向我们展示了那时候读书的艰苦条件。然而，想想自己读的书寥寥无几，总感觉大脑一片空白，出口不能成章，提笔总会忘字。本学期，学校开展了一系列丰富多彩的读书活动，老师们积极参与，其乐无穷，感觉收获颇丰。

著名作家冰心说："读书好，好读书，读好书。"人的成长离不开书，读书能让人领悟人生的真谛。每当迷惑、彷徨时，书犹如一支明亮的火炬，指引我们前进的方向，为我们排忧解难，增强战胜困难的勇气和自信心；当我们悲伤痛苦时，书会告诉我们，悲伤只是暂时的，只要勇于开拓，便会发现快乐就在眼前；当我们被别人误解时，书告诉我们，勇敢地去走自己的路，实践是检验真理的唯一标准。

书是人们的良师益友。读书就是聆听良师的谆谆教诲，就是与益友的促膝交谈。英国著名思想家培根说："读书足以怡情，足以博彩，足以成才。"唐代大诗人杜甫说："读书破万卷，下笔如有神。"著名作家林语堂说："读书能让人得新知，增学问，养性灵。"正因为这样，身为教师的我们，应酷爱读书，把读书当作一件快乐的事情，更要把读书视为自己人生发展的动力。置身于书中，我们能感受到人情的冷暖，能体验到生活的酸甜苦辣，能感悟到人生的沉浮。也只有置身于书本中，我们才能不断地发现自己，检查自己，提升自己。读书能使我们领悟其中的哲理，不论遇到什么事情，都会安之若素、泰然处之。读一本好书，如饮灵泉，心灵相互感应、潜移默化，慢慢地抹去了浮躁，淡化了名利，颐养了心性，令人终身受益。

当读名人传记时，我们能够从别人经历的挫折和打击中，汲取成功的经验和失败的教训，寻找到一种精神上的动力和执着追求的勇气。

读历史著作时，就像穿梭在时光隧道，回眸一卷壮阔浩大的人类画卷。探寻古今中外成功者的奋斗足迹，常常会感觉自己很渺小，但是又会从中悟出许多道理，明白许多事情，增长许多见识。

读一些游记随笔时，可以让我们放松自己紧张的神经，理清烦恼的思绪，跳出固有的生活圈子，让书做导游，跟它到广阔无垠的世界，去开阔人的视野，增长我们的见识，陶冶我们的情操。

有许多东西，今日属于我们，日后又会失去。但是书中的一切，都会永久盘踞在我们的脑海里，永远都不会是一个过客。当我们读一本书的时候，有时可能引起争辩，有时又使人感到妥帖；有时使人心潮起伏，有时让人心静如水。一旦我们有了这样的感受，我们便成了一个好读者。千载风云，尽收眼底，实乃人生中的享受，犹如数不尽的金银财宝归我们所有，于是我们便成了精神上的富翁。

记得一本书上写道：古人有的背着柴，拿着书在读；有的骑在牛背上，捧着书在读；有的在蚊叮虫咬的夏日，囊萤夜读；有的在寒风刺骨的冬夜里，映雪而读。在这种艰苦环境中读书，造就了那么多伟人，他们的精神动力全都源于书。

书是人生中最佳的伴侣，它不会背叛、离开我们，在任何时候都会陪伴我们左右。痛苦时，书给我们抚慰；困惑时，书给我们解疑；消沉时，书使我们振作；迷茫时，书给我们指引方向；失败时，书给我们注入勇气和力量。

高尔基说："书籍是人类进步的阶梯。"读书是提高一个人文化内涵不可或缺的重要途径。作为一名教师，通过读书，我从中领略到了一些教育的真谛。雷夫的《第56号教室的奇迹》这本书，让我重新审视自己的教学和学生，我将努力以"让学生变成爱学习的天使"为目标，重视学生学习兴趣的培养，重视学习方法的指导，使学生不断地提高终身学习的能力，为学生的一生幸福奠基。亚米契斯的《爱的教育》，使我懂得了爱在教育中的重要作用。于永正的《教海漫记》，使我获取了微笑教学的真谛。苏霍姆林斯基的《给教师的建议》使我反省自己的教学行为。读了《细节决定成败》中的《拒绝浮躁》一文，对我感触最深的一句话是："做事不贪大，做人不计小。"做好每一件小事就等于做了一件大事，如果连一件小事都做不好，就更谈不上做大事了。《塑造教师：教师如何避免易犯的25个错误》中的案例，强调了对学生的尊重、理解、关注、欣赏、支持、帮助，突出了教师对学生应有的真诚的爱。我进一步理解了学生的感受，又一次站在学生的视角审视我们的许多教育现象和处理方法。

高尔基说："要热爱书，它会使你的生活轻松，它会友爱地来帮劝你了解纷繁复杂的思想情感和事件，它会教导你尊重别人和你自己，它以热爱世界热爱人类的情感来鼓舞智慧和心灵。"读书靠的是长期的积淀，坚持不懈地读书，读好书，耳濡目染，日积月累，才会储备真知，才会受到文化的熏陶，才会不断完善自我，提升教育教学艺术，在教学中得心应手、游刃有余，才能展现个人魅力和为师者的风范。一个教师如果没有拥有一定数量的书籍、报纸、杂志那是不行的。读书，应该成为教师的一种生活方式。只有如此，教师才能以自己的书卷之气，去熏陶学生，使之热爱读书，与书为伴，成为未来学习型社会的"读书人"，而教师也才会成为真正的"学者型教师"。

书是人类文明的果实，书是贮存知识的宝库，书是人类进步的阶梯，书是全世界的营养品。生活里没有书籍，就好像大地没有了阳光；成长中没有书籍，就好像鸟儿没有了翅膀。只要我们肯读书，就可以汲取几千年人类智慧的精华，就可以让我们与精英们一起分享精神的盛宴。让我们喜欢读书，热爱读书，天天读书，让读书成为一种习惯！

为人师表，廉洁执教

党的群众路线实践活动的开展，给每位党员干部敲响了警钟，"纠四风、倡清廉、促发展"的良好风气在各行各业已逐步形成。作为教育系统的一名党员教师，我听从时代的召唤，顺应时代的发展，为人师表，廉洁执教。

通过参加这次教育实践活动，我不断学习，深刻领会，感受颇深。教师是光辉的职业，教书育人，为人师表，廉洁勤奋是一位教师必不可少的美德。孔子说："其身正，不令而行；其身不正，虽令不从。"为师之道，重在德行、人品及修养，"学高为师，身正为范"，不以大欺小，不倚老卖老；要公平待人，以身作则，做好表率，当好学生的引路人。教师要牢记责任，时刻保持师德的高尚与纯洁，清廉自律，廉洁从教。

"品行端正，清白高洁。"廉洁是师德的基本要求，廉洁是中国传统道德的基本规范，廉洁从教是对教师品行和作风方面的道德要求，是教师高尚情操的具体体现，是师德的根本所在。教师之所以受人尊敬，不只是因为教师职业是神圣的，担负着传道、授业、解惑的任务，更重要的是担负着培养一代又一代社会主义新人的重任。

在教书育人这片广阔的土地上，很多优秀教师都在默默无闻地耕耘着，勤勤恳恳地实践着自己的誓言。他们有着"衣带渐宽终不悔，为伊消得人憔悴"的精神，兢兢业业做好工作，置身于现实生活中，依然洁身自好，严以律己，爱岗敬业，情操高尚，不追随物欲，甘做教书育人的铺路石，用自己无私的情怀换来学生成人成才，桃李满天下。这样的教师堪称是时代的楷模，这样的教师值得我们尊重，值得我们敬仰，更值得每位教师学习。

习近平总书记在看望北京师范大学师生时说道："做好老师，要有道德情操。好老师的道德情操最终要体现到对所从事职业的忠诚和热爱上来。好老师应该执着于教书育人。我们常说干一行爱一行，做老师就要热爱教育工作，不能把教育岗位仅仅作为一个养家糊口的职业。有了为事业奋斗的志向，才能在老师这个岗位上干得有滋有味，干出好成绩。如果身在学校却心在商场或心在官场，在金钱、物欲、名利同人格的较量中把握不住自己，那是当不好老师的。"习近平总书记给全国的教师提出了殷切的期望和要求，基层教师应立足本职，从我做起，从小事做起，从点滴做起，严格自律，规范执教，想学生之所想，急学生之所急，传播知识，服务学生，服务家长，做一名学生喜欢、家长满意、社会认可的合格教师。

为此，在平常的教育教学工作中教师要廉洁从教。这不仅是有效培养学生形成良好人格的条件和内在基础，而且对形成文明的社会风尚也具有重要意义。同时，由于教师的言行在社会中也有着巨大的影响作用，所以廉洁从教便显得格外重要。教师如果执教不廉，不仅影响自身的形象，还会使许多人的价值观偏移，给学生的健康发展及周围的同事造成一定的负面影响，甚至助长不良风气的蔓延。反之，廉洁从教能重塑世人道德，净化世人灵魂，净化社会风气，使社会和谐。由此可见，廉洁从教具有重要的社会意义。

作为一名人民教师，我必须用教师职业道德严格要求自己，树立良好的教师职业形象，真正承担起教书育人的神圣职责。在执教过程中，不贪图钱物，不沾染社会上出现的一些贪、贿、欲等恶习，始终以清廉纯洁的道德品质为学生和世人做出表率。

"教书育人，育人为本"是教师的职责所在，"传道授业，授人以渔"是教师的本职工作。教育教学工作是奉献不是索取，是公益不是功利；教师要先自重，才能受别人的尊重。我们要把廉洁从教、拒绝收受家长礼品当作一种习惯；要把爱岗敬业、为人师表视为教师的责任所在；要把兢兢业业、清正廉洁当作一种光荣。教育是一片清纯的沃土，容不得点滴浑浊，教师队伍应廉洁奉公，容不得害群之马。人民教师要提高道德情操，自觉坚守精神家园和人格底线，带头弘扬社会主义道德和中华传统美德，做以德施教、以德立身的楷模，帮助学生把握好人生方向，扣好人生的第一粒扣子。

社会在发展，时代在进步，实现中国梦的号角已经吹响。人民教师要与时俱进，责无旁贷，自觉肩负起国家使命和社会责任，树立崇高的职业理想和坚定的职业信念，静下心来教书，潜下心来育人，做爱岗敬业的模范。教师要把追求理想、塑造心灵、传承文明当作人生的最大乐趣，甘为人梯、乐于奉献，在平凡中成就伟大。

学校管理点滴悟

学校管理千头万绪，管理工作做得到位与否直接影响着教育教学质量的提高。一个好学校离不开一位好校长，一位好校长的后面一定有一支合格过硬的领导集体。一支成功的学校管理队伍，应有广博的理论知识做铺垫、和谐团结的精神来支撑、和谐高效的教师团队做保障。学校管理者应眼中有学生，心中有质量，视教师为合作伙伴，把学校当作家一样打理，把学生当作自己的孩子去对待，从而达到学校管理的较高境界。

一、广博的理论知识是做好学校管理的前提

记得有位教育专家曾经谈道："广博者，知识广阔博大也。出色的学校领导不仅是某一学科或管理领域的专家，也是博览群书的饱学之士。五洲四海、古今中外、上下五千年，都有所涉猎……"一名学校管理者如果没有渊博的知识，就很难谈得上优秀，就难以把工作做得尽善尽美，也不可能办出人民满意的教育。因此，我认为学校管理者，第一知识要"宽"。尤其要注意打实理论功底，要有广博的知识，注重研究，善于积累。第二管理要"专"。对"管理学"和"思想政治工作"要"专"，要作为一门学问去学，结合工作实际去研究，努力成为本职工作的"专才"，形成自己独特的管理模式和办学风格。第三工作要"实"。要学会抓大放小，轻重有序，游刃有余。从方法论的层面深入进去，多角度观察、多方位思考、多渠道协调，充分发挥各方面的力量，求真务实，保证工作做细、做实，靠业绩赢得师生、家长、社会的认可。因此，作为学校的管理者，理应抽出大量的时间阅读教育教学等方面的理论书籍，认认真真地研究管理技巧、管理绝招。

泰安市教育科学研究所的强所长在谈到"校长提高班提高什么"时说，之一，要丰富理论，没有理论指导的实践是盲目的实践；之二，要提升经验，"站在自己的肩

膀上摘月亮"；之三，选择行动，选择力与执行力是校长领导水平的现实检阅。学校管理者要不断学习教育学、普通心理学等教育理论，从而对教育有一个清醒的认识。学校管理者要不断学习管理理论，提高领导的方法与艺术；要加强政策学习以更新观念；要加强政治学习以提高品德修养；要加强理论学习以提高业务能力；要有现代教育科学理论知识、学校管理理论知识以及丰富的实践经验。只有不断学习，学校管理者才能具有对教育政策的敏锐解析能力和理解能力，才能因地制宜地制定决策并及时调整，才能有高效的执行力。

二、 和谐向上的领导班子是学校走向成功的保障

俗话说，"火车跑得快，全靠车头带"。建设一个团结奋进、勇于开拓的领导班子是一所学校的治校方略。领导班子是学校改革、建设、发展的决策者、组织者和推动者。领导班子的办学治校能力，直接影响着学校的健康发展。领导班子建设是坚持正确的办学方向、积极推进学校科学健康发展的必然要求。

因此，加强领导班子建设、着力提高领导执行力、打造一支和谐向上的领导队伍始终是学校发展的第一要务，也是推进学校又好又快发展的重要保证。我们通过考察名校可以得知，每所学校都有一个攻无不克、战无不胜的领导班子。各位专家也都提到，"校不在大，有魂则灵"，"校长是学校的灵魂，一个好校长就是一所好学校。一所好的学校一定有一位优秀的校长"等。很显然，这样的说法非常正确，而且在每位成功的校长背后都有一个团结协作、开拓进取、敢打硬仗的领导集体。成功的学校管理必须有效地发挥整个领导团队的智慧和力量，而这个团队必须是一个具有高度责任心的团队。建设一个具有高度责任感、积极合作、乐于奉献、与时俱进的领导班子，是学校走向成功的保障。

（一）班子成员政治素质要高

班子成员要"讲学习、讲政治、讲正气"；要增强党性观念、全局观念、群众观念、组织观念、责任观念。凡要求教师做到的，自己首先做到；凡禁止教师做的，自己首先不做，以实实在在的行动给教师们树立榜样。学校领导班子要吃亏在前，享乐在后，以校为家，廉洁奉公，校兴我荣，校衰我耻，处处起模范带头作用，要始终树立学校领导班子的良好形象。

（二）班子成员的自身业务要硬

"打铁还需自身硬"，一位好的学校管理者必须要有较高的专业知识能力、创新能力、应变能力等。好的学校管理者应该是课堂教学方面的高手、教育教学质量的护航舰艇、教研教改的闯将、校本教研的领头雁。

（三）班子成员要有团结协作精神

班子成员必须摆正心态，准确定位：处理好主角和配角的辩证关系；认识到对上负责与对下负责的辩证统一；充分认识到分工不分家、相互补台而不是互相拆台的重要性；在学校总的原则和目标之下，要各尽其职，各显其能，和谐相处，积极参与学校的有效管理。要每位班子成员的活力在工作实践中竞相迸发，使每位班子成员的指挥才能像源泉一样充分涌现。要充分展现个人活力，实现自身价值，使整个领导班子更富有先进性，更富有活力，更富有激情。并且，在管理过程中要不断改进领导方法，大力提高领导艺术，真正做一个能负起领导责任的管理者、一个能凝聚人心的管理者、一个谦虚的管理者、一个有较强前瞻性的管理者。

（四）班子成员要有奉献精神

班子成员要有奉献精神，要有虚怀若谷、清正廉洁之风范。一个领导干部除了要面对学生，还要面对教师，领导干部不仅要成为学生的榜样，更要成为老师的表率。不仅要有高尚的师德，还要有甘于冷落、乐于奉献的思想境界。原洋思中学、现永威中学蔡林森校长曾对教师说过，家长把孩子送到学校，是对我们的信任，对我们寄予了很大的希望。评定一个学校办得好不好，"主裁判"是家长，是广大人民群众。学校就是要"教好每一个学生"，"让每一位家长满意"。他要教师做到的，自己首先做到；要教师不做的，自己首先不做。他把教育作为终身追求的事业，把吃苦当作享福；他视学校的发展为生命，他以校为家，校园是他最为钟情的地方。他常说："要让全体师生每天一开门就能看到校长，这所学校就好办了。"蔡林森校长这种全身心投身教育事业、乐在其中、忧在其中的精神境界堪为楷模，的确值得我们学校管理者学习。

（五）领导班子成员要有强烈的服务意识

教学管理就是一种服务，班子成员就是"后勤部长"。我们要为学生服务，为教职工服务。学生是我们教育的对象、服务的对象，是学校生存、信誉的决定因素，因而，关注学生的全面发展，应该成为学校管理者工作的重点。同时，关注教职工的精神需求和切身利益，及时为教师搞好服务，想方设法为教职工排忧解难，这是管理者工作的重要内容。有人说，增强服务观念，是现代学校管理制度的本质特征。服务观念的确立和贯彻，可以更好地加强学校管理者与教职工、学校与家长、学校与社会间的沟通和交流。

（六）领导班子成员要善解人意

尊重是建立和谐人际关系的前提，是开启智慧的一把钥匙。学校管理需要相互理解、相互尊重。班子成员之间要这样，对待自己的下属也应如此。在管理中我们应相互尊重、相互理解、相互信任，我们还应该尊重教师，尊重教师的人格、尊重教师的工作、尊重教师的合理需要。学校领导应给予教师充分的信任，给每位教师搭建起自我发展的平台，不要事必躬亲，该放手的时候要放手。领导班子要在老师中树立起"我们学校的每一位老师都是强者，依靠每一位教师办好学校"的信条，放手让教师大胆地干，只在教师需要我们出面帮助时，我们才"过问"，这时，老师们会感受到来自学校领导的信任，感到自身价值的实现，他们的积极性就会得到充分的调动。这样，就有利于在学校中形成尊重、理解、沟通、信任的氛围，形成团结、合作、和谐的干群关系，使全体教职工在充满人情味的校园文化中快乐地教学、幸福地工作，在自己的工作岗位上，不断地实现着自身的价值，为学校的发展多做贡献。

三、 锻造和谐高效的教师团队是学校发展的不竭动力

坚持把师德建设摆在教师队伍建设的突出位置，增强教师的危机感、荣誉感、责任感。通过强化教育目标管理责任制，进一步加强教师队伍建设。采取一系列行之有效的举措，增强教师资源的内在品质。依托骨干教师的优势，发挥他们应有的示范辐射作用，通过校本培训、校本教研和专业引领等有效途径，在完善"制度管人"的基础上，逐步走向"业务引导"，把骨干教师培养工程落到实处。

通过全面启动课题建设，引领校本教研的方向。结合校本课程与学校文化建设，通过开展专题课堂研讨，深化课题的研究。通过专业引领，让新老教师"联"起来，让骨干教师"亮"起来，让全员教师"动"起来，让"高原现象"不复存在，有效地构建起高素质教师梯队。通过"开放课堂"，调浓学科文化与生活的味道，让课堂回归常态。另外，积极探寻校本教研的抓手，促进教师教学水平的进一步提高。

四、 提高教学质量是学校管理永恒的话题

进一步强化质量意识。通过考察学习，我深深感受到名校之所以能成为名校，除了有先进的办学理念外，他们都有浓厚的质量意识，从来没有放松过教育教学质量这根弦。所以，作为主抓教学的一员，管理者要时刻认识到"质量"是我们教育工作永恒的主题，是我们的立身之本、立校之基。无论什么时候，没有了"质量"，就意味着败落的开始。每位学校管理者要以高质量为荣，以低质量为耻，以办"百姓满意学校"为宗旨，让学生进得来、留得住、学得好、全面发展、健康成长，让每一个家长都满意，让政府满意、社会满意。

（一）提高课堂效率是我们永远的话题

学校管理者理应向"乡村教育家"蔡林森校长学习。学习他立足课堂持之以恒的精神，实施"先学后教、当堂训练"教改模式一直坚持到今天；学习他"教好每一位学生"的教育理念，十几年如一日，努力实践这一教育思想，最终造就了辉煌的教育大厦，并取得了良好的教育教学质量；学习他乐于奉献、脚踏实地的工作作风，坚持深入课堂、亲自研究课堂教学、不断完善教学模式；学习他爱岗敬业、艰苦奋斗、无私奉献、团结协作、创新进取的优秀品质，"先学后教、当堂训练"的教学模式已深入人心。诚然，"教无定法"，但"教有良法"，适合自己的就是好方法，能提高教学质量的方法就是好法。然而，在研究课堂教学方面，我们似乎差得太远，仍有很长的路要走，有时似乎缺少"持之以恒"，"贵在坚持"，"坚持就是胜利"等方面的优秀品质。

（二）狠抓教学常规是不变的方法

严格按照"严、细、实、恒"的要求，切实把好备课关、上课关、辅导关、作业关、测试关。平时做到备课要"深"，坚持利用"学案导学"；上课要"实"——回归常态；作业要"精"——精心挑选；教学要"活"——先学后教，当堂训练；手段要"新"——充分利用现有的教学资源；活动要"勤"——魅力课堂，活动体现；要求要"严"——严师出高徒；辅导要"细"——细节决定成败；负担要"轻"——减负增效；质量要"高"——教学质量是生命线。并且，从课前准备、课堂教学、作业与辅导、教学评价等方面对教师的常规教学不断进行指导性管理，并积极完善各种制度，对各项常规管理内容实行"周查月总月公示制度"，并不定期地对部分学科的教学情况进行调研，加

强对学科教学的调控。另外，要认真开展各种有益的教学观摩活动。采取青年教师上诊断课、骨干教师上示范课、青年教师汇报课和验收课等一系列的教学活动，大力提高教师的课堂教学水平。

（三）向教育科研要质量是我们的策略

有位专家提到，没有教研过不了日子，没有科研过不好日子。教育科研具有导向性、超前性、高效性等特点，具有预测未来、促进改革、提高质量的功能，它是教育工作的先导，是提高教育教学质量与效益的重要保证。作为学校管理者，要以正确的教育思想为指导，以服务教育改革和发展、全面提高教育质量为宗旨，勤奋工作，潜心钻研，乐于奉献，发扬科学精神，面向实践，勇于探索创新，及时总结提炼教改经验；要立足当前，着眼长远，把握机遇，开阔视野，求真务实，开拓进取，大胆创新；要不断开展内容丰富的教科研活动，内引外联，坚持以课题、课例为载体，通过借助观摩课、研究课、示范课和各类教学教研竞赛等形式，拓展学校教师的专业发展空间，不断促进教师的专业成长。

当然，学校的管理工作千头万绪，仅仅有以上几点是远远不够的，还需在德育、心理健康教育、安全教育、"三方共建"、校园文化等方面下大气力。一位优秀的学校管理者应该是教学质量的把关者，是校长的得力助手，是同事们的合作伙伴，是教师们的知心朋友。"无为而管，有为而理"乃是管理者的较高境界。相信，只要"把学校当作家一样打理"，"把每一位学生当作自己的孩子去对待"，学校的管理工作定会春华秋实，硕果累累。

做敬业乐业的教师

教师应满腔热情，立足本职，与时俱进，努力学习，不断完善。教师要热爱教育事业，热爱学生，做学生终身发展的铺路石、奠基人。

一、 严以律己，为人师表

教师要牢记使命，认真履行职责，乐于奉献，以身作则，循循善诱，诲人不倦，牢固树立"以人为本，育人为本"的思想，处处用《教师职业道德规范》来约束自己的言行。教师要跟上时代的步伐，用全新的思想，全面贯彻党的教育方针，积极推进素质教育，自觉遵守职业道德，思想上积极上进，工作中尽职尽责。

教师这一职业神圣而伟大，因为肩负着教书育人的责任；教师这一职业又不被有些人看重，认为很难干出惊天动地的大事。然而，无论从事哪种职业，都应该"干一行，爱一行"；还要"干一行，专一行"，因为不专业就是门外汉，不专业就难以出业绩。因此，我们必须做到潜心研究教学，做一名名副其实的好老师，不会就学，不耻下问，诚实做人，埋头做事。我们要牢记教书是教师的本职工作，育人是我们的职责所在。

二、 三尺讲台，其乐无穷

我们无法改变世界，也很难改变别人，但是可以改变自己。适应是做好工作的前提，态度是走向成功的保证。我们要力争做到高高兴兴进校园，欢乐度过每一天。面对着一张张可爱的笑脸，我们没有任何理由不去努力地工作。要明白除了火热的工作热情外，还得需要科学的教育教学方法，因此要做到"因地制宜""因生而异"，及时地调整教学方法和工作思路，不失时机地与学生沟通，用家长的爱心、朋友的贴心、教师的关心去对待每一位学生。我们要时刻牢记"亲其师，信其道"这一道理，打造融洽和谐的师生关系，营造愉悦向上的学习氛围，提高学生的学习效率，努力提高教学质量。

三、 立足课堂，研究课堂

课堂是教学的主战场，打造高效课堂，提高课堂效率应是每位教师研究的主题。因此，我们始终要坚持以课堂为主阵地，深入研究行之有效的教学模式，及时掌握学情，随时调整教学思路，边研究、边实践、勤改进、不断完善。我们一定要时刻牢记任何成功的教学模式都离不开脚踏实地地实践，这就好比在水中学游泳、在球场上练球一样，假如离开了课堂，任何一种教学模式就成了无源之水、无本之木。实践出真知，教学模式的研究不欢迎闭门造车，也不喜欢纸上谈兵。

四、 提升质量，职责所在

质量是教育教学工作的生命线，是我们的立身之本、立校之基。无论什么时候，无论采用什么样的教学模式，教学质量的下滑，就意味着败落的开始。教育工作者务必以高质量为荣，以低质量为耻。然而，好的教学质量应建立在扎实的、高效的课堂之上，所以，立足课堂、研究课堂是我们永远的话题。课堂是学生学习的主战场，课堂是学生的大舞台。在这里，学生是课堂的主人，学生是课堂活动的主要参与者。高效的课堂教学需要学生的掌声，需要学生的微笑，但也不排斥眉头的紧缩、面红耳赤的争吵，同时也离不开老师雪中送炭的点拨。

教育教学工作千头万绪，科学引领至关重要；教师工作很苦很累，苦中有乐自我调整。既然选择了教师职业，那就该终生无悔，让我们倍加努力地工作吧，扬长避短，眼中有学生，心中有质量，视教师为合作伙伴，把从事教科研当作是挑战，平等地去对待每一位学生，坚决克服"当一天和尚，撞一天钟"的不良思想，以一种积极的、年轻的心态投入教育教学中，为教育事业添光增彩。

教育教学实践篇

校外学习及培训心得

赴昌乐一中学习翻转课堂心得体会

2015 年 3 月 31 日至 4 月 1 日，我有幸到昌乐一中参观学习翻转课堂教学模式。虽然学习时间短暂，但这所百年老校却给我留下了深刻的印象。

3 月 31 日下午，我区参观学习的教师与来自威海、东平的老师们首先在昌乐一中英才报告厅聆听了教务处领导秦洪波做的"学校翻转课堂专题报告及交流"的报告，他简要介绍了学校开展翻转课堂教学模式探索的目的、过程及取得的成效，并对学校首创的具有普适性的"两段四部十环节"翻转课堂教学模式做了比较详细的介绍。然后，我们在学生导游的带领下参观了校园。晚上自习时间及第二天上午第二节课，我们现场观摩了昌乐一中初二英语的翻转课堂一节"自学质疑课"和一节"训练展示课"。然后，所有参观学习的教师在英才报告厅与一中的教师进行了互动交流，通过现场答疑解惑，我们对"两段四部十环节"翻转课堂教学模式有了更加深刻的了解。

一、关于翻转课堂

所谓翻转课堂，就是学生自习（或在家）时按自己的节奏观看教师提前录制的微课学习新知识，通过在线方式与同伴及教师进行交流；然后在课堂上带着问题参与讨论、完成作业，完成知识吸收与掌握的知识内化的过程。翻转课堂使教师从"知识传授者、课堂管理者"变成了"学习指导者、促进者"；学生从"被动接受者"成了"主动研究者"；"课堂讲解＋课后作业"的教学形式转化成了"课前学习＋课堂研究"；课堂内容由"知识讲解传授"变成了"问题研究"；技术层面上的"内容展示"成了"自主学习、交流反思、写作讨论工具"；"多角度、多方式"的评价方式耆代了单一的"传统纸质测试"。信息技术和自主学习、合作学习是翻转课堂教学模式的关键组成部分，其最大特点就是学生实现了个性化学习，教师实现了个性化指导。

二、 关于微课

微课是指按照新课程标准及教学实践要求，以视频为主要载体，记录教师在课堂内外教育教学过程中围绕某个知识点（重点难点疑点）或教学环节而开展的精彩的教与学活动的全过程。

翻转课堂自学的支撑点是学案及微课，微课起着至关重要的作用。微课的内容可以是概念、例题、问题、习题、课文重难点讲解等，具有短（教学时间较短）、小（资源容量较小）、少（教学内容较少）、精（重点讲解某个知识点）、准（准确无误）等特点。微课是一种新型的教学模式和学习方式，更是一种可以让学生自主学习、进行探究性学习的平台。小课堂大教学，关注孩子每一个细微变化，从小处着手，以小见大，用微课堂带动学生的学习积极性，创建一个真正属于学生自己的课堂。

三、 关于"两段四步十环节"翻转课堂教学模式

（一）"两段"

"两段"是指"自学质阶段"与"训练展示阶段"。

昌乐一中初二英语学的是初三教材，从"自学质疑课"上可以看到，学生借助教师课前设计的"自学质疑学案"及教师上传的微课视频（微课视频可以反复观看，也可以自由地拖动或暂停），根据自己的学习需要把握学习节奏。本节课上，学生先自主学习探究学习内容，完成自读教材、预习题并做好课堂笔记以及疑难问题，然后小组长汇总本组问题，在组内能解决的就组内解决，解决不了的问题可在线提交给老师，老师再有的放矢地进行解答与点拨。同时，在课上，大部分同学完成了在线检测题。

在"训练展示课"上，老师首先让学生明确本课训练的目标，然后进入疑难突破环节，学生根据平台的数据分析，重点解决学生提交的疑难问题以及在线测试中出现问题较多的习题。小组讨论以及课堂展示则是通过设计一定的情境，让学生运用目标语言表达自己的想法。然后，在合作提升这一环节（Challenge yourself）中，教师通过默写的方式让学生展示"自学质阶段"要求熟记的句子。

（二）"四步"

"四步"指的是以下教师备课的四个步骤：

课时规划—微课设计—两案编制—微课录制。

（三）"十环节"

"十环节"是指学生学习的以下十个环节：

自学质疑阶段：目标导学—教材自学—微课助学—合作互学—在线测学。

训练展示阶段：疑难突破—训练展示—合作提升—评价点拨—总结反思。

四、 我的反思

（一）翻转课堂具有强大的生命力

翻转课堂最早的探索者应该是孟加拉裔美国人萨尔曼·汗。后来，科罗拉多州林地公园高中的化学教师乔纳森·伯尔曼和亚伦·萨姆斯进行了颠覆传统课堂的尝试。从 2007 年春开始，他们把结合实时讲解和 PPT 演示的视频上传到网络，让学生在家中或课外观看视频中教师的讲解，把课堂的时间节省出来进行面对面的讨论和作业的辅导。"翻转课堂"的这一尝试，取得了多方面的效益。

（1）学生可以按照自己的学习习惯来安排学习的进度，学习的自我管理意识大大增强。

（2）通过网络及时反馈，教师可以了解到学习困难学生的困难所在，能够做出更有针对性的辅导。

（3）课堂上互动交流的时间大大增加，同伴之间的相互帮助和提醒大大提高了学习的效率。

（4）学生的学习成绩有了明显的提升。与传统的教学模式相比，翻转课堂的确有其非常明显的优势，应该说它有强大的生命力，因为它代表着先进的教学理念。

翻转课堂适应了当前素质教育培养学生创新素质和发挥学生主体教师主导地位的教学理念，在学案与"微课视频"的辅助下，能够更好地、更全面地掌握本课的学习点。学生在自主质疑过程中，不但提高了自己独立思考及提出质疑的能力，同时对老师在学科知识与教学技能等方面也有了更高的要求，实现了数字化教学与课堂教学的有效融合，真正落实了学生的个性化学习，促进了教师角色的改变和专业水平的提高。

（二）大胆尝试，科学推进

什么是好的教学方法？我认为只要是从实际出发，适应学生发展、合乎学生需要、不断提高教育教学质量的方法就可称得上是好的教学法。昌乐一中的"两段四部十环节"翻转课堂教学模式更好地运用了数字化信息技术辅助教学手段，更好地实现了学生的个性化学习，极大限度地激发了学生的学习动力，达到了"事半功倍"的效果。其教育教学成绩非常突出，的确促进了学校的整体发展和核心竞争力。

昌乐一中全校上下齐心协力抓教研、潜心研究促质量的奋斗精神值得每一位教育人敬佩、学习。教育需要我们用心去经营，课堂需要我们苦心去优化，学生需要我们精心去培养，不断追求卓越是每一位教育工作者的奋斗目标。

然而，任何一种教学模式都有它的局限性，在学习的过程中切忌盲目地照抄照搬。古语云："橘生淮南则为橘，生于淮北则为枳，叶徒相似，其实味不同。所以然者何？水土异也。"因此，翻转课堂，应实事求是，因地制宜，既不能闭关自守、故步自封，又要防止拿来主义、东施效颦。与时俱进不会被时代抛弃，无章盲从会劳民伤财，我们需要的是既赶时髦又图实惠，取人之长为我所用，吸取适合我们教学实际的部分，摸索出最适合我们的教学模式，适合自己的才是最好的。

赴上海学习高效课堂教学模式心得体会

2015 年 7 月 23 日至 7 月 26 日，在为期四天的"全国中小学教师专业发展论坛"培训学习中，通过认真聆听各位专家的精彩报告，我受到了深刻的启迪，产生了强烈的共鸣。结合本次培训及自己的教学经历，我从课堂教学方面谈几点自己的体会。

一、 立足实际，坚持就是胜利

从教多年，教学方法学习、尝试过不少，从"满堂灌"到"目标教学法"，从杜郎口中学的课堂教学改革到昌乐一中的"两段四部十环节"翻转课堂教学模式等，每一种教学法都搞得红红火火、引起轰动，应该说至少在那个时期对课堂教学具有一定的指导和推动作用。

学习借鉴他人的教学模式是好事，但千万不能忘记实事求是，因地制宜。21 世纪的教育处在历史的改革期和大发展期，科学技术发展突飞猛进，日新月异，教育科学技术优化的进程不断加快。新形势对教师提出了更高的要求与期望，教师应该时刻保持清醒的头脑，积极主动地学习先进的教育教学理论，不断尝试先进的、前沿的教学方法，不断充电，与时俱进。

二、 立足课堂，研究课堂

研究课堂教学的目的只有一个，那就是打造高效课堂，提高课堂效率。因此，我们要坚持以课堂为主阵地，深入研究行之有效的教学模式，及时掌握学情，随时调整教学思路，边研究、边实践、勤改进、不断完善。要知道任何成功的教学模式都离不开脚踏实地的实践。我曾经多次说过，课堂研究需要实事求是，离开课堂教学的研究就像在旱地上学游泳、在客厅里练踢球一样，费时费力没有实效，"叶公好龙"有其名无其实。我觉得课堂研究者首先应该是课堂教学的实践者，而绝对不只是纸上谈兵的指挥者，应该做到进得了课堂、讲得出名堂。

三、 教学质量是教育教学工作的生命线

教师的根在哪里？教师的任务是什么？相信每一位有良知的教育人都能回答出来。"教学质量是我们的立身之本、立校之基。无论什么时候，没有了'质'，就意味着败落的开始。"作为一名一线教师，教师的确应该以高质量为荣、以低质量为耻。好的教育教学质量离不开高效的课堂、扎实的辛勤工作。

"质量意识"是每位好老师应具备的基本素质，我们要把它说在口中，记在心中，根植于在行动中，落实在实效中。

本次的培训学习和我的教育教学实践产生出了很多有益的碰撞，我相信这些碰撞一定对我以后的工作起到积极的指导作用。在接下来的教育教学工中，我将继续从实际出发，探索适应学生发展、合乎学生需要、不断提高教育教学质量的教学方法。我始终认为，课堂教学模式的研究是一项可持续发展的工程，我们一定要做到科学规划，稳步推进，持之以恒，贵在坚持。

2017 年泰安市高新区中小学管理人员寒假培训感悟

第一天：做学生心目中的好老师

今天是泰安市高新区中小学管理人员培训的第一天。上午简短的开班仪式后，泰山学院教育学院院长陈伟军教授给我们做了"教育与人"的报告；下午，我们首先聆听了泰安市教育局王义剑科长做的"学校安全管理与政策法规"讲座，然后，听了赵玉军老师"静待花开"及王冬华老师"规范班级管理，关注学生成长"的班主任经验交流。虽然一天的学习任务比较紧张，但是自己的收获的确不少。下面，结合今天的所学所悟，重点谈一下新形势下如何做一名好老师。

随着时代的不断进步，学校教育活动的多样性和丰富性增加，教师在学校中担当的角色也越来越多，因此，教师应正确、深刻而又全面地认识到自己的地位、作用和职责，树立"多角色意识"，加强自身修养与能力的培养，这不仅关系到学生的健康成长，而且关系到教师工作的成败。

一、 做学生的知心朋友

热爱、关心和理解学生，成为学生的知心朋友，是教师全面地、出色地做好各项工作的前提和基础。为此，教师对待学生必须真诚、平等。教师要看到学生是祖国的未来，要满怀着对未来的责任感和激情，经常站在学生的角度，设身处地为他们着想。教师要经常跟学生推心置腹地、朋友般地谈心，要客观地、不带偏见地了解学生。教师不能"居高临下"，摆出"教育者"的"架势"，说话总带着一种职业的"指令腔"，等等。正如陈伟军院长说的那样，有些老师太习惯"威严"地对待学生，找学生谈话时，很少让学生坐着，学生常常处于被盘查的状态，师生之间并没有平等的发言权，学生的心里话还没讲完，教师就滔滔不绝地开导起来，师生之情被淹没在教师无的放矢或想当然的推理中，上纲上线的说教、训斥之中。这样的教师怎么能成为学生的知心朋友呢？

要知心就必须贴心，教师要豁达大度，学会宽容，允许学生说错话、做错事，要给学生认识错误、弥补过失留有充分的余地，在学生需要的地方伸出援助之手。这样，学生才会对老师无话不谈，把老师真正当作知心朋友。

二、 做学生学习上的导师

学生对于精通专业、学识渊博的教师格外尊敬。教师要争取成为学科的佼佼者，能担当起学生治学与成才的向导和顾问的角色。教师应教会学生学海泛舟，养成独立自学的良好习惯及智力品质，使他们学会分析、评价自己的学习过程，取得优良的成绩。同时，教师要培养学生的现代科技意识，让学生争当班级的、小组的以及个人活动的辅导员，起参谋、顾问、指导作用。

三、 做学生纪律的管理员

教师要配合班主任承担起监督、检查，教育学生遵守纪律和学生日常行为规范、礼仪规范的职责。执行纪律、规范要靠深入细致而又经常的正面教育，重在养成学生良好的行为习惯和不断提高学生遵守纪律、规范的自觉水平。教师要更多地靠道德教育的方法、民主的方法，落实纪律、规范，形成传统、风范，而不是简单管束、消极限制，更不能搞情感凌辱和简单粗暴的"棍棒"纪律。

四、 树立起担当学生父母的形象

教师扮演着使学生既感到亲切、温暖，又严格要求学生的角色。学生常把老师看成家长，对老师甚至比对父母还尊敬。优秀教师都应像父母那样疼爱学生，关心他们的成长，但这绝不是姑息纵容和溺爱，而应是理智的爱，是对学生负责的爱，是严慈相加的体现。

五、 当好学生的心理医生

称职的教师应和蔼可亲，细致入微地体察学生的内心世界，也应奉行"非指导性原则"。在跟学生谈心时教师应摆脱"教育者"角色，认真地倾听、平等交谈，为学生提供情绪、思想及个性心理品质的分析，调动他们自身内在的力量自我疏导、自教、自律、自强。为此，教师必须熟悉心理学，学会综合运用心理学和心理咨询的方法，帮助学生分析、解决面临的各种问题及心理障碍，注重培养学生的社会适应能力。

六、 做学校、家庭、社会沟通的艺术家

教师是使学校教育、家庭教育、社会教育相一致、相配合的枢纽、桥梁。所以，教师要经常把学生带到社会大课堂和大自然中去进行"活"的学习，到各行各业建设者的身边感受时代的脉搏，了解改革开放，了解我国的国际关系与对外经济、科技、文化交往，开阔眼界。教师要主动依靠社会、社区、学生家长及广播、电视、报刊等资源，帮助学生学习古今中外的灿烂文化和先进科技，力求使学生置身于社会主义现代化建设的真实环境，贴近国际范围的新技术革命挑战，要引导学生把学习跟实现中国梦的宏伟事业紧密联系起来。教师还要采取灵活多样的方式方法，把教育科学送到每个学生的家庭，为家庭教育的科学化多做实事。

七、 甘做学生的维权代言人

教师工作承担着保护学生、维护学生合法权益的神圣责任。教师要树立监督、执行《义务教育法》和《未成年人保护法》的自觉意识，一方面要帮助学生学法、知法，进行守法教育，另一方面要教育学生运用法律手段保护自己的合法权益，还要主动地向社会上一切危害青少年健康成长的人和事做斗争，充当维护学生合法权益代言人的角色。

八、 成为学生的榜样

榜样的力量是无穷的，身边的榜样更加亲切。教师是人类灵魂的工程师，在社会公众中享有崇高的威望。学生的社会性学习，首先是通过模仿教师进行的。教师跟学生朝夕相处，其一言一行对学生都有潜移默化的感染作用。要求学生做到的，教师应当做在前头，教师就是学生学习的模范、遵纪守法的模范、道德修养的模范、开拓进取的模范。

教师职业神圣而且伟大，它承载着培养祖国未来和希望的重任。干一行爱一行，让我们热爱教师这份崇高的工作，做一名学生心目中的好老师！

第二天：师生之间应该平等相处

今天是培训学习的第二天。上午，我认真聆听了泰安市教育局副县级督学阚兆成主任所做的"称职家长引领孩子健康成长"的报告和两位初中班主任的工作经验交流；下午，又听了张慧婷校长的挂职交流体会，感受颇深。结合今天的学习，我想谈一下师生间的关系问题——教师应与学生平等相处。

大家知道，教师和学生在人格上是平等的关系，教师在教育教学活动中有尊重学生人格、平等对待学生的义务。教师对学生的教育、管理都必须建立在尊重学生人格、平等相待的基础上，尊重学生是教师应该把握的道德底线与职业准则。

过去，有些教师对学生的专制霸道，其实给学生的品德教育带来了很大的负面影响。现在，无论在学习还是在生活中，教师与学生都有了进行平等交流、深入沟通的环境，教师尊重学生的独立人格，不再居高临下，片面强调自己的权威性。我们虽然不太赞同传统的"师道尊严"，想要破除教师的权威地位，让教师从高高的神坛上走下来，但这并不意味着教师不需要保持一定的威望。权威不等于威望，在教学活动中，教师不是权威，但是教师需要在学生面前保持足够的威望。

无论是班级管理、课堂教学，还是课外活动，都应充分发扬民主，集思广益，畅所欲言。无论课堂内外，都要给学生自由活动的时间和空间，都要给学生自由发言的权利和机会。教师应尊重学生的选择，重视学生的意见，尽可能满足所有学生的合理要求。

尊重不等于宽容错误，更不等于放纵错误。当学生在学习上、生活中、思想上等出现问题时，我们要认真对待，要认真分析其原因，找出学生产生错误的根源，设计切实可行的教育策略，有的放矢，循序渐进地帮助学生改正错误，帮助学生改变观念，使学生掌握正确的学习方法，培养积极的生活态度，形成科学的思想观念。

尊重学生人格就是不能有体罚、变相体罚或者其他侮辱学生人格尊严的行为。对待学生的错误，教师要管，要制止，要帮助学生纠正，对屡教不改的学生，老师要给予适当的惩罚。但惩罚不等于体罚，惩罚不能伤及学生身体，惩罚不能侮辱学生人格，惩罚不能有损学生尊严。

苏联教育家马卡连柯用一句话概括了他的教育经验：严格地要求和最大限度地尊重学生。我认为这句话也高度概括了师生人格平等的深刻内涵，它应该成为我们教师的行动指南。

作为教师，我们应该放下架子！让我们和学生平等相处，共创学生美好的明天。

第三天：努力做最好的老师

紧张而充实的第三天培训学习结束了，通过认真聆听各位领导、专家的报告，我受益匪浅，对教师职业有了更深刻的认识。

（1）教师必须具备较高的政治素质和业务素质，必须提高个人的综合素质，不断适应教育教学改革工作的需要。在做好平时教育教学的同时，教师应不断自我加压，勤于学习，主动学习，善于积累，努力提高。

（2）教师要谦虚谨慎，平等待人。在处理教师间关系、师生关系以及学校、家庭、社会关系等方面，教师必须谦虚谨慎，戒骄戒躁，始终保持清醒理智的头脑。同时，要集思广益，不要主观臆断。教师一定要有很强的平等、共同学习的意识，遇事多商量、多沟通，经常性地交流思想，交换意见，调动学生主动学习的积极性。教师要心胸宽广，能够听取各种不同意见，要严于律己，宽以待人，少一点猜疑之心、嫉妒之心、怨恨之心，多一些理解之心、关怀之心、友爱之心，这样就会给学生良好的示范作用，会使教学效果收到事半功倍的作用。

（3）教师必须热爱学生。没有爱就没有教育，充满爱心是教育的前提。教师要科学地给予爱，艺术地传递爱，要做到有付出不求回报，尽其所能，尽心尽力。尤其是在对待学困生方面，教师要力争做到倾注全部的爱，用心去关注他们学习上的点滴进步，不断去寻找他们学习生活中的每一个闪光点，及时加以肯定和激励，使他们感到温暖，增强自信，从而使他们不断获得成就感，在成长与发展的道路上有一个质的飞跃。

（4）教师要多研究、多创新。要勤于研究，使教学研究成为工作常态；要勤于反思，及时将自己的想法与经验加以总结，从而形成自己的教育思路：要立足实际，科学整合教材，优化课程教学，创新教学评价。

观看"听说教学"视频后的学习心得

英语教学离不开"听说读写"的训练，只有通过大量的听说读写的训练，才可能使学生获得英语基础知识和初步运用英语进行交际的能力。通过今天上午观看视频，我觉得自己在平时的"听说教学"中还存在着一些不足。

（1）在课堂教学听力活动的实施过程中，pre-listening这一环节处理得较粗糙，听力前期的准备工作做得不够充分，虽然解决了一些"听什么"的问题，但对一些像"背景知识"方面的内容有所忽视。

（2）虽然在听说教学的过程中，对教材的听说内容进行了整合，但依然存在受限于教科书题目的设置，没能大胆地进行取舍。

（3）受到考试试题模式的影响，只要不符合试题类型的听力材料就被错误地视为次要内容，不去认真处理。

（4）由于课程内容较多（尤其是高年级英语），授课课时又太少，所以有些教师从思想上不太重视花费大量的时间去进行听说方面的训练，有时候所谓的听力训练只是为考试而听，为考试而准备。

（5）对于影响听力提高的最为关键的因素指导不够到位。比如：发音、连读、弱读、失去爆破、重音移动等；缺乏足够的词汇量，句型、语法运用不熟练；不熟悉英美等英语国家的文化背景。

（6）有时，为了节省时间，赶上课进度，听说脱节，出现"只听不说"的"哑巴英语"现象。

（7）在平时的教学中，虽说能利用"值日生报告""情景对话""看图说话""口头作文""模仿表演"等方法，对学生进行大量的"说"的训练，但仍出现"几家欢乐几家愁"的局面。有的学生不愿张口说，有的学生说得相当吃力，有的学生是"徐庶进曹营一言不发"。我认为在以后的教学中，还是要有耐心，注意适时地鼓励每一个同学（尤其是学困生），通过这种锻炼，让他们体会到成功的喜悦，从不敢开口的心理障碍中走出来，从而产生学好英语的驱动力。

赴江苏无锡东林小学学习心得

一、东林小学的"净"与"静"

2015 年 10 月 24 日早，我们第三批赴东林学习的教师怀着无比期待的心情，走进了这所人才辈出的百年老校。

通过参观校史馆，聆听学校宣校长的介绍以及与朱校长的深刻交流，我与曾来过这所名校的一位教师有同感：走进东林小学发现这所学校很小，走出东林小学的校史馆感觉这所学校很大，观看学校的文化建设后觉得这所学校不一般。这所有着深厚底蕴的名校的每一个角落，无不向你诉说着东林学子们"如花斯放，如芬斯萌，佳气葱茏，日新月异"的成长故事。

占地面积仅有 10 亩的校园，处处呈现着管理严谨、工作扎实、精益求精；学生乐学，学有所长，学有所得；教师乐业，心中有学生，为每一位孩子的幸福成长而奠基。在整个校园，我似乎没有看到"净、静、竞、敬"这几个字的出现，然而，这几个字确实在这所校园存在。在这里我想简要地谈谈对前两个字的感受。

"净"。校园里干净的小操场、一尘不染的功能室、课桌学具摆放整齐的教室、明镜般的教学楼道、充满着智慧的图书角、精彩纷呈的学生作品展示栏，还有培养学生自理能力的集体供水区，甚至学生的洗漱间等，无不体现着干净卫生，给人一种幸福、舒服、甜美的享受。

"静"。或许是江南学校或者说江南学生的特点吧，我们听不到学生的高声呼叫，我们听不到楼道里蹦蹦跳跳的声音，教师不用扯着喉咙维持秩序，然而学生上、下楼仍然井然有序。

"积土成山，积水成渊"，"冰冻三尺，非一日之寒"，良好行为习惯的养成并不是短时间能形成的，这一点值得我们教育工作者深刻思考。

二、东林小学的"竞"与"敬"

"竞"。东林小学的学生绝大部分于上午8∶00前到达学校，就像我们的学生一样，有一部分总是到校比较早，这样就需要有的教师早早到校维持班级纪律，盯早读自习。每天早上，你能看到行政领导、中层领导、值班教师、值日少先队员在校门口迎接来学生，总是面带着微笑把学生迎进学校，"同学好、校长好、老师好"的问候声一直不断，给人一种和谐温馨的感受。值日少先队员手拿检查表，认真地履行着自己的职责，时不时地提醒着少数学生的不良举止，而这些学生总是非常有礼貌地及时改正。

在这里，师生们的学校生活丰富多彩。无论是在教室、办公室，还是在走廊过道，见到的总是老师和学生忙忙碌碌的身影。学校几乎每天都有外来参观学习的领导、老师，各个层面的教科研活动经常开展，各学科组、备课组组织的各种比赛活动已趋于常态化，骨干教师的示范课、青年教师的汇报课、学科组全体教师的接龙课以及区校级层面的公开课、优质课经常可见。学校的教研活动呈现出立体发展的态势，每个学科组、备课组有自己的小研究课题，课题内容要在以学生学习为中心的框架下进行选择，研究要立足课堂，方法多样，突出实效。应该说东林小学的卷入式、综合式、专项式教研各具特色，各学科课堂均领风骚。比如，英语学科的戏剧教育课堂、音乐的舞向未来课、美术学科的版画、信息技术的Ipad未来教室，已走向成熟。整个学校呈现出"百舸争流，千帆竞发"，"千岩竞秀，万壑争流"的美丽景色。

"敬"。东林小学的老师几乎没有午休，听朱德胜校长介绍，上午放学时间是11∶40，20分钟的午饭时间，12∶00～12∶20是学生的自主活动时间，班级纪律由班干部负责，值日学生负责检查。12∶20后，先后由两名学科教师进入教室进行辅导（共分两节），有活动的班级可以在中午这段时间进行。下午放学后，教师仍留在学校参加各种业务培训、师德培训、教科研究等方面的活动。高年级的教师还要给学困生个别辅导，一直到17∶00方可离开。同焦校长、王主任交流时，他们谈到学校的教研活动围绕着有意义的活动而展开，教师的专业成长具有内驱力，教师们借助学科组、备课组的团队力量助推了自己的专业成长。在这样的大环境里，教师们的工作热情无比高涨，责任心、主人翁意识比较强烈，勇挑重担，敢于担当。10月25日下午，丁校长问我们还有什么要求时，老师们提出还想听数学、英语、音乐、体育课（语文学科有九节校级35岁以下青年教师的赛课），丁校长二话没说，接着安排，随后将听课安排表送到我们手里。王主任介绍每位教师总把能有机会提供公开课视为一种荣誉、一次激励、一种信任、一次提高，这种敬业乐业的精神非常值得我学习。

我们无法改变世界，也很难改变别人，但是可以改变自己。适应是做好工作的前提，态度是走向成功的保证。时代在发展，社会在进步，作为一名老教师，我应以一种积极的、年轻的心态投入教育教学中，为学校的发展添光增彩。

三、有一种态度叫坚持

趁着老师们还没有上课，我们围着校园把学校的每间教室都认真地转了一圈，看看这所一千七八百人的学校为什么在大早上会这么安静？是孩子们还没来吗？不是。是他们正在有序地做着自己的事情。校园里没有慌乱的脚步，走廊里没有喧哗声，教室里没有打闹的嘈杂声，一切都是那么有序。伴着上课铃声，我们聆听了他们的武术课堂教学，站了40分钟没有感觉到累，没有感觉到吵闹……整节课，孩子们和老师的配合不仅是"默契"所能表达的。虽然是节体育课，可老师说的话却不多，停下来管纪律的时间也是少之又少。这是需要多长时间才能达到的效果！紧接着是学科人员交流活动，以及下午的科室人员交流活动……有一种根本停不下来的节奏。几位科室人员和学科人员在我们的不断追问下，说着他们的百年教学管理、学科探究、文化传承……这么好的成绩不是天上掉下来的，不是运气捡来的，不是自己吹出来的……这里面蕴含了一种态度，那就是坚持、坚持、再坚持，坚持就是胜利。

华罗庚曾经说："面对悬崖峭壁，一百年也看不出一条缝来，但用斧凿，得进一寸进一寸，得进一尺进一尺，不断积累，飞跃必来，突破随之。"做教育就需要这种认准了就坚持到底的精神。想想之前，自己也曾写过教学日记，希望可以把在教学、班级管理中出现的问题，随时记录下来，以便今后可以避免类似问题的出现。可一天、两天、三天……一周没到，太忙了，算了吧，这样一个好的教育日志计划就被搁浅了。曾经我也对学困生做过档案追踪，希望可以通过这个方法看哪种教育方法有助于学生的提高，能有多大提高，可因为家长的不配合而没有坚持下来。可见，坚持是一件多么难以坚持的事。锲而舍之，朽木不折；锲而不舍，金石可镂。正是我们的不坚持，所以我的各方面改变才总是那么少，也难以改变他人、带动他人。而正是因为东林小学领导和教师的百年坚持、世代坚持，才有了现在的东林小学。

我们深知滴水穿石和铁杵磨针的精神，可是我们却没有真正地做到，这就是我们没有成功、没有新气象的原因之所在。感谢东林小学让我深深体会到"十年树木，百年树人"的内涵。在今后的日子里，我要重拾坚持的态度，而且不再把它放下，不再让它成为我内心的小冲动。既然希望孩子们做到，那首先要从自己做起，让孩子们成为监督者。

有一种态度叫坚持！

四、为学生的幸福人生奠基

（一）文化的传承

东林小学的前身是东林书院，后改为东林高等小学堂。学校的校史陈列馆展示着珍贵的资料，记录着东林小学的发展。校史陈列馆一楼的历史厅中有巨幅浮雕，讲述着东林八贤的故事，浮雕对面就是闻名遐迩的"三声三事"的名联，刚劲有力，它不仅刻在墙上，也刻在了每一个东林学子的心灵深处。

（二）核心理念

在与东林小学领导、老师的交谈中，明确感受到的就是"为每一个孩子的幸福人生奠基"是学校鲜明的办学理念，这种理念一是指向学生的人生，和人生教育连在一起；二是指向幸福，生活化课程体系的建构直接关照学生生命意义的生成与发展，在生活中学习，在实践中学习，努力为学生的可持续发展、为学生终身的幸福奠定基础。这一理念，在东林小学的日常教育与点点滴滴中体现着。

（三）校本化的课程设置时时彰显生活即教育

聆听与探讨中，我还切实感受到东林小学将陶行知先生的那句话——"整个社会是我们的学校，全部生活是我们的课程"解读运用得恰到好处。

东林小学全方位地建构了自己的生活教育课程体系：优美的校园环境给学生营造有意义的生活空间；良好的行为习惯奠基学生的成功人生；多彩的课堂生活启迪学生的智慧人生；浓郁的阅读文化构建学生的幸福人生；优美的艺术活动铸就学生的美满人生；丰富的实践活动引领学生的体验人生；自主的俱乐部活动赋予学生的快乐人生。其课程的设置遵循儿童的成长与发展的规律，以儿童的视角去诠释课程，让儿童在真实的生活中做真人。

（四）于细节处润物于无声

行走于东林小学的每一个角落，震撼于心的还有东林教育者的用心、细心：校园里设置了指示牌、洗手盆、分类垃圾箱、漂流书屋、展示栏、成长树；墙上悬挂着生活小指南，告诉你什么时间该喝水、喝多少水。一、二年级的小朋友会有专门的课程，教会他们怎样擦桌子、怎样扫地、为什么要换牙；进入青春期，会有"男生女生悄悄说"活动来正确引导孩子们的成长；课间没有喧闹，没有追逐。这些无不体现着东林老师们的用心，细致。

有幸亲身体验，开阔了眼界，更提升了境界，也深感不足。生活即教育，教育就是一种生活，如何让教育不苍白、更丰富，让生活更具有教育性，值得我们深深反思。

五、不虚此行，学以致用

这一次的无锡市东林小学之行，我们每一个人都是带着任务去的，在心底早早地计划好该怎样利用有限的时间，多看、多听、多问、多想，尽可能地汲取这所名校的营养。我们虽然是有备而来，但是，从进入学校校史展览室的那一刻起，还是被深深地震撼了，它为我们呈现的恢弘史篇、展开的百年画卷、镌刻的一个个家喻户晓的名字，如同一部跨越世纪的精彩纪录片，那些字、那些画、那些人在我们面前一一闪过，那些闪耀着光点的精彩瞬间，深深地印在每个人的脑海里……

在这样一所前身是颇负盛名的"东林书院"，走出过陈翰笙、钱钟书等多位名人、大家的名校中，我们不禁深思，有着如此厚实文化底蕴和傲人业绩的学校，我们到底该学习它的什么？

凡事预则立，不预则废。一所学校要有明确的办学思想以及清晰而准确的学校定位。一所名校的出名绝非偶然，而在于学校在一定历史时期内有一个主导的办学思想，确立了明晰的学校奋斗目标，经过几代人的共同努力才得以实现。可以说，学校事业蒸蒸日上与学校明确的办学思想和科学、准确的学校定位密不可分。

东林小学"为每一个孩子的幸福人生奠基"的办学理念，让我们深深地感受到了它的大气磅礴，让我们体会到它独特的育人魅力，在这里上学的孩子是幸福的。

这一点，我们完全可以学得来。我们要时刻想着今天所做的每一件事儿、所说的每一句话，将会影响每一个学生的未来，他们的人生最重要的阶段之一是我们与之相伴。因此，我们要高瞻远瞩地用发展的眼光来看待自己的工作，切忌鼠目寸光。

为了学生的健康成长，我们应该努力修炼自己、提高自己，使自己成为一位"仁师"，成为智慧和仁爱的化身，成为学生幸福人生道路上的领路人。

问渠哪得清如许，为有源头活水来。希望今后我会有更多这样的学习机会，让我开阔眼界，增长见识，学人之长，提高自我素养。

常树林工作室工作情况汇报

在上级领导的指导下，在学校领导的大力支持下与关怀下，常树林工作室于 2014 年 10 月下旬揭牌成立，工作室成员有英语、语文、数学三科中的九名骨干教师组成。自成立以来，工作室全体成员以《泰安市名师工作室建设工作实施方案（试行）》为指南，结合学校工作实际，深入开展教育教学研究，以求实、务实、抓落实的工作态度，扎实有效、积极主动的工作作风，见真着实地开展"结对子""高效课堂""'一师一优课'和'一课一名师'"等活动，真正发挥工作室的指导、服务、示范与辐射作用，提升我校全体教师的素质和专业化水平，培养青年、骨干教师快速成长。工作室坚持常规、教研两条腿走路，尽心尽责，埋头苦干，正确处理工作过程中遇到的各种问题，确保了工作室工作的顺利进行。

一、 加强业务学习，提高内涵，增强素质

工作室成员要不断增强学习的意识和能力，涵养内功，积淀实力。工作室成员坚持每月至少阅读一本书，细心研读一本教育教学专著，积极参加教研活动，抓住机会聆听教育专家的教育思想和实践经验，分享他们的教育智慧，促进自身的发展。

二、 坚持实事求是，立足课堂，研究课堂

工作室成员充分发挥集体的智慧，充分利用下午的集体学习时间，针对教育教学实践中的重点、难点问题进行专题研究；积极组织开展学习、研讨活动，在研究中学习，在学习中提高，在提高中成长，教师的教育教学能力及研究能力得到不断提升，在学科上初步形成了自己比较鲜明的教育风格和教育艺术。在"一师一优课"和"一课一名师"活动中，工作室全体成员踊跃参加，精心准备，积极参与校、县、市三级"晒课"和"赛课"活动，教研氛围十分浓厚。针对我校学生多、难管理这一事实，

工作室成员不埋怨、不气馁，结合各自学科的特点找准切入点，致力于打造高效课堂，不断研究与尝试保持学生持久学习兴趣的方法，科学分组，小组合作，抓两头促中间，真正做到面向全体、分流推进，使每位学生都能体会到成功的快乐，并在快乐的学习氛围中学有所得、学有所成。工作室成员参与研究的课题有：中国智慧教育督导"十三五"规划重点项目"教育改革创新与研究"之子课题"基于翻转课堂理念下小学中高年级各科'教学案'设计与课堂教学实践的研究"，市级课题"传承经典美文，浸润礼仪人生""学校课堂教学转型的研究——'起承转合'数学教学系统"等。

三、 发挥团队优势，凝心聚力，共创辉煌

为打造工作室亮点，工作室成员发扬敬业爱岗、无私奉献的精神，勇于创新，不断进取，在教育教学实践中不断更新观念、丰富经验，把先进的教育理念与我校教育教学实践紧密结合起来，研究教育改革和发展的热点、难点问题，发挥思想库、智力库和智囊团的作用，为提高我校的教育教学质量献计献策。通过开展工作室成员之间结对子、工作室成员与学科教师结对子、工作室成员负责教研团队等活动，营造良好的、和谐的教研教改氛围，全校上下齐心协力，全员参与，你争我赶，不甘落后，大部分教师的整体素质得以提高。

四、 立足学校实际，重视过程，以小见大

工作室全体成员除保质保量地参加学校教导处、教科室安排的常规活动外，还积极主动地开展教学研究活动。

（1）间周一次开展工作室成员研讨活动，活动内容贴近教育教学，丰富多样，针对性强，研讨效果好。几年来，我们开展了"如何扎实有效地开展工作室工作""一师一优课及一课一名师"的研讨、"学习研讨'翻转课堂教学模式'""期中复习研讨""期中考试质量分析""期末复习研讨""期末质量检测总结"等活动。

（2）积极参加学校教科室组织的常规听评课和"新教师培训课""新教师汇报课""骨干教师示范课""复习研讨课"等听评课活动。

（3）工作室全体成员不断更新教育教学观念，积极开展愉快教学、高效课堂、幸福课堂、问题研究、专题讲座等活动，参加研究课、引领课，不断提高中青年教师课

堂驾驭能力。另外，组织工作室成员互相听课、说课、评课，并写出教学反思。

（4）探讨尝试科学设计作业，少量布置作业或不布置作业，减负增效，让学生真正从繁重的课业负担中解脱出来。

（5）关注教育改革与发展的动态和趋向，提高团队成员实施新课程的能力。工作室开展举行了课例分析、课题交流、论文交流、专题研讨等活动。我们要求工作室成员不要局限于小学教师的圈子，要站得高，看得远，广泛猎取各方面的有用知识，不断武装自己的头脑。比如，每年的高考、初中学业水平考试结束后，我们都要求工作室每位成员做自己学科的题目，与时俱进不落伍，明确方向永前进。

五、 注重培训学习，充电提升，不断提高

（1）2014 年 12 月 12 ~ 14 日，工作室领衔人参加了"泰安市第一届名师工作室领衔人培训班"培训学习。在为期三天的培训学习中，通过聆听专家讲座、现场交流等方式，与会人员学到了很多，感受颇深，提高许多。本次培训总体的感受如下。

① 会风端正，会场秩序严肃认真，几乎无人在听课期间随便进出。

② 时间安排得非常紧，白天学习，晚上讨论，十分充实。

③ 要求严格，会议期间不准请假、会客、饮酒、私自外出就餐等，晚上各单位领队及会务组领导检查就寝情况。

④ 在以后的研究与学习中，应立足本职，干好工作，不断学习，注重积累，在实践中不断研究学生、不断研究课堂，态度决定一切。

培训学习后，我们召开了工作室全体成员会，集中传达学习了本次培训会的学习内容及精神，每位成员结合自己的实际畅谈感受和下一步的工作打算。学校领导也到场做了重要讲话，对工作室的研究工作提出了合理化的建议，会议持续了近两节课的时间。在交流环节，与会人员群情激昂，畅所欲言，对工作室的发展献言献策，会议开得十分成功。

（2）赴昌乐一中学习翻转课堂模式。2015 年 3 月 31 日至 4 月 1 日，工作室成员到昌乐一中参观学习翻转课堂教学模式。学习时间虽然短暂，但这所百年老校却给我们留下了深刻的印象。3 月 31 日下午，我们与来自威海、东平的老师们首先在昌乐一中"英才报告厅"聆听了教务处领导秦洪波做的题为"学校翻转课堂专题报告及交流"

的报告。他简要介绍了学校开展"翻转课堂"教学模式探索的目的、过程及取得的成效，并对学校首创的具有普适性的"两段四部十环节"翻转课堂教学模式做了比较详细的介绍。然后，我们在学生导游的带领下参观了校园。晚上自习时间及第二天上午第二节课，我们现场观摩了昌乐一中初二英语翻转课堂的一节"自学质疑课"和一节"训练展示课"。然后，所有参观学习的教师在英才报告厅与一中的教师进行了互动交流，通过现场答疑解惑，我们对"两段四部十环节"翻转课堂教学模式有了更加深刻的了解。

（3）赴上海参加培训学习。2015年7月9日～14日，我们去上海培训学习，在为期四天的"全国中小学教师专业发展论坛"培训学习中，通过认真聆听各位专家的精彩报告，我们得到了深刻的启迪，产生了强烈的共鸣，并结合本次培训及自己的教学经历，每人从不同层面写出了较为深刻的反思。

（4）2015年12月27日～30日，我们参加了在泰安市实验学校举办的泰安市初中小学名师工作室领衔人深化课堂改革暨思维碰撞课堂专题培训班。本次培训形式多样，内容丰富，感受颇深。培训班围绕着在推进新课程改革的过程中出现的"如何将课改理念转化为教学行为"这一使一线教师最为困惑的问题而展开，对领衔人进行思维碰撞课堂的专题培训。通过聆听泰安市实验学校有关负责人、各位专家的报告，通过现场观课议课、交流互动等活动，我们了解到泰安市实验学校以"'思维碰撞'课堂、混合式课例研究和积分制管理"为三大支柱，把学习共同体融入学校发展的系统设计之中，寻找到了一条回归教学本质的课堂实践路径，实现了课堂"生命活力"和"教学成绩"的双赢，赢得了省内外同行和专家的高度赞扬。

（5）2016年3月底，我跟随岱岳区岳峰小学赴河南安阳市豆腐营小学观摩四校联合教研活动。这座面积不大的学校给我留下了深刻的印象。学校历史悠久，底蕴丰厚，人才辈出，是学生腾飞的摇篮，教师成长的沃野。学校拥有一支团结、实干、高素质的具有开拓精神的教师队伍，曾培养和造就了一大批优秀教师，有全国优秀班主任、全国优秀体育教师、全国优秀教育工作者。教师们凭着开放的教育思想、领先的科研，以良好的素质、进取的态度、奉献的精神和踏实的作风培养了一批又一批优秀的学生。学校以"开发潜能、发展个性"为育人理念，从整体改革实验到差异教育的研究，从二级循环活动的尝试到创新教育的思考以及网络环境下教学模式的探索，捕捉着现代教育最敏感的话题，走在教育改革的前沿。学校一贯坚持"品牌、质量、服务"的意识，在全面推进素质教育的进程中，以一流的教育质量树立了自身的品牌形象，赢得了社会的赞誉，是老百姓心目中最好的学校之一。

（6）2016 年 4 月 18 日～19 日，我们到青岛黄岛香江路第二小学参加"山东省专注力高效课堂观摩研讨会暨黄岛区专注力培养研究中心成立仪式"现场会。省专注力教育学会专注力培养研究中心顾问、中国科学院心理研究所张梅玲教授，山东省教科院王如才主任、省课程中心副主任兼英语教研员杨璐老师，省教育学会副秘书长、专注力培养研究中心常务副理事长兼秘书长曹云昌教授，青岛市小学英语教研员孙泓老师，黄岛区教体局宋云宏副局长，发展中心孟兆山副主任，专注力培养研究中心副理事长、香江路第二小学顾玉利校长，以及省市兄弟学校、黄岛区各校的英语骨干老师参加了本次活动。

会议首先由宋云宏局长致欢迎词，山东省专注力课题组领导为黄岛区专注力研究中心成立揭牌，同时授予黄岛区教育局为专注力实验基地、香江路第二小学专注力课题研究示范学校荣誉牌，山东省教科院王如才主任讲话祝贺。

香江路第二小学的薛璐璐等 10 位教师以及黄岛区实验小学的老师分别执教了英语专注力研讨课，张梅玲教授、杨璐老师、孙泓老师分别从不同角度做了充分的肯定，并提出了具体的改进建议，为下一步的实验工作指明了方向，开拓了思路。与会老师积极互动，老师们一直表示获益匪浅，一定要乘这次会议的机会，落实好专注力课堂教学。

香江路第二小学顾玉利校长进行了工作汇报，英语学科教师团队开展了教学沙龙活动，我们还观看了香江路第二小学"小凤凰民乐社团"的大型民乐基础展演和精品节目演出，杨璐主任作为山东省课程专家、学校课程的管理者和指导者对香江路第二小学的整体工作高度赞扬，对学校的进一步发展思路进行了指导。

这次"山东省专注力高效课堂观摩研讨会暨黄岛区专注力培养研究中心成立仪式"的举行，给全省的英语教学注入了新鲜活力。

（7）2016 年 10 月 9 日～27 日，工作室全体成员及学校部分骨干教师分三批前往江苏无锡东林小学参观学习。走进这所百年老校，感受到的不仅仅是优美的校园环境，更多的是那精细的管理、浓浓的教研氛围、争先恐后的工作干劲……

六、立足课堂，扎实开展有意义的展示活动

1.工作室成员的课堂风采

* 常树林老师：

（1）2016年3月，参加"一师一优课、一课一名师"优课录制。

（2）2015年，执教的英语课获区级优质课一等奖。

（3）2016年9月13日，参加骨干教师献课活动。

（4）2016年9月27日，参加新进教师听评课展示活动。

（5）2016年10月27日，在党员示范课活动中讲公开课一节。

* 聂华强老师：

泰安市"一师一优课、一课一名师"活动中获优课。

* 周广军老师：

（1）2016年6月，在泰安市中小学"混合式教学"优质课评选活动中获得二等奖。

（2）泰安市优秀课例一等奖。

（3）2016年10月，泰安市"一师一优课、一课一名师"活动中获优课。

* 聂华强老师：

2016年10月，泰安市"一师一优课、一课一名师"活动中获优课。

* 宋绍青老师：

2016年10月，泰安市"一师一优课、一课一名师"活动中获优课。

* 丁玲老师：

（1）2015年6月，在"一师一优课、一课一名师"评选活动中，获评为区级优课；9月获评市级优课。

（2）2016年3月，获得优秀指导教师奖。

（3）2016年10月，泰安市"一师一优课、一课一名师"活动中获优课。

（4）2016年5月，在"陌上花开，相约凤凰"语文课堂展示活动，出展示课一节。

* 周晓红老师：

2016年10月，泰安市"一师一优课、一课一名师"活动中获优课。

* 罗启智老师：

（1）2016 年 6 月，在泰安市中小学"混合式教学"优质课评选活动中获得二等奖。

（2）2016 年 9 月，参加泰安市英语德育课比赛。

（3）2016 年 10 月，泰安市"一师一优课、一课一名师"活动中获优课。

* 孙璐璐老师：

（1）2016 年 6 月，在泰安市中小学"混合式教学"优质课评选活动中获得二等奖。

（2）2016 年 7 月，泰安市小学语文课例资源评选获一等奖。

（3）2016 年 10 月，泰安市"一师一优课、一课一名师"活动中获优课。

* 王中军老师：

2016 年 3 月，参加"一师一优课、一课一名师"优课录制。

2. 校际间的课堂展示活动

（1）2016 年 4 月，工作室部分成员参加岳峰小学承办的"峰之巅——泰安市中小学数学名师课程教学研讨活动"；语文教师参加岳峰小学举办的"相约岳峰——小学语文课堂教学研讨活动"。

（2）2016 年 5 月，我校举行"陌上花开，相约凤凰"语文课堂展示活动。

（3）2016 年 4 月，凤凰小学语文教研月活动。

（4）2016 年 9 月，学科德育优秀案例展示活动。

（5）2016 年 10 月，新教师过关课活动。

七、 专题讲座活动

按照市局对工作室的要求，工作室领衔人于 2014 年 12 月 16 日举办区级专题讲座"学习归来谈感受"；2015 年 10 月 16 日下午，举办专题讲座"大班额下的高效课堂策略"；2016 年 9 月 12 日上午，举办专题讲座"影响学生学习英语的心理因素及策略"。

八、 工作室成员获奖情况

* 常树林：

区优质课一等奖、泰安市课件二等奖、区示范课、骨干教师公开课、镇级优秀教师。

* 周广军：

泰山教学新星、区优秀班主任、区教学能手、区教学管理先进个人、市级"混合式教学"优质课二等奖、市级优课。

*聂华强：

泰安市德育先进个人、泰安市教学先进个人、区级教研先进个人、区级优秀教师、市级优课。

*宋绍青：

泰安市模范班主任、区优秀教师、市级优课、市级课件二等奖。

*丁玲：

泰安市优秀指导教师奖、市级公开课、区级编故事一等奖、市级编故事二等奖、区级教研先进个人、区级优课、市级优课。

*周晓红：

区级教改先进个人、镇级优秀教师、市级优秀辅导教师奖、市级优课、校级教学先进个人。

*罗启智：

市级"混合式教学"优质课二等奖、市级英语德育课一等奖、区级优秀班主任、市级优课。

*孙璐璐：

市级"混合式教学"优质课一等奖、市级小学语文课例资源一等奖、区级教学工作先进个人、市级优课。

九、 验收及视察指导

（1）2014 年 11 月 3 日，在泰安市教育局张兆民科长的带领下，名师工作室验收组对"常树林名师工作室"进行检查验收。通过座谈交流、实地查看、检查档案等，验收组对工作室的近期工作及下一步的安排非常满意，并且希望工作室全体成员凝心聚力，创新思路，扎实工作，积极推进工作室各项工作的开展。

（2）2016 年 11 月 17 日上午，市教育局名师工作室考核验收小组在人事科张兆民科长的带领下，一行四人来到凤凰小学，视察指导"常树林名师工作室"近几年的工作开展情况。

验收中，常老师从工作室的筹建情况、工作开展情况及工作室发展规划三个方面向专家小组进行了汇报。考核小组查阅了名师工作室的自查报告和各种档案资料，对常树林名师工作室的工作开展情况给予了高度评价，并对工作室今后的发展提出了宝贵的建议和更高的要求。

今后工作室的努力方向：

（1）继续采用"走出去，请进来"的方式，提高工作室全体成员的整体素质。在征得学校及上级主管部门支持同意的前提下，带领工作室全体成员赴市内、外知名学校交流学习。同时，邀请部分名校的教师来我校莅临指导。

（2）加大校、区级层面的教育教研研讨会、教学活动展示、专题讲座的力度。

（3）在及时地、保质保量地上传稿件方面下功夫。

（4）强化课题研究，注重过程性材料的积累。

（5）发挥团队优势，打造工作室亮点，我发扬敬业爱岗、无私奉献的精神，勇于创新，不断进取。

（6）继续坚持立足实际，工作教研两不误，扎实开展工作室的各项工作。

（7）鼓励更多的青年教师成为名师工作室成员，为工作室注入新鲜血液。

由于工作室领衔人的水平所限，工作的开展还存在着许多不足之处，与兄弟工作室相比差距很大，离各级领导的要求相差甚远。在今后的工作中，工作室全体成员将加强学习，潜心研究，力争促使工作室的各项工作上水平、提台阶。

参加"山东省小学英语自然拼读与阅读教学研讨会"有感

2018 年 5 月 15 日至 5 月 17 日，"山东省小学英语自然拼读与阅教学研讨会"在枣庄市滕州实验小学大同校区成功举行。本次研讨会由山东省教科院主办，枣庄市教科所和滕州实验小学协办，来自全省各地市的教研员和一线教师 600 多人参会，外设一个分会场，总计参会人数近 1500 人。

本次研讨会旨在响应国家关于"大力推动全民阅读"的号召，推进书香齐鲁和书香校园建设，提升我省小学生的英语阅读水平，发展其英语学科核心素养，为一线教师提供高效直接的教学交流平台。

5 月 15 日上午，研讨会正式拉开序幕。在简短而热烈的开幕式后，研讨会进入课堂展示环节。本次研讨会共有 17 位老师带来不同特点的现场课，涵盖阅读、绘本等多种形式。现场授课的老师在两天的时间里，为现场的老师们分享他们最巧妙的教学设计、最灵活的互动方法和最有效的教学手段，用各具特色的课堂设计展示了我省小学英语阅读教学蓬勃发展的喜人局面，为现场的老师带来了丰富的视听盛宴。

这 17 位教师分别是烟台市芝罘区姜家小学的王玲老师，潍坊市民生街学校的李晓青老师，威海荣成市好运角小学的张华老师，菏泽市定陶区第一实验小学的郭玉翠老师，日照市金海岸小学的凌云凤老师，临沂第一实验小学的于欣老师，聊城高唐县第一实验小学的孙军娟老师，泰安新泰市西张庄镇中心学校的闫群老师，枣庄滕州市木石镇峭村小学的刘华东老师，德州市天衢东路小学的房丽君老师，济宁邹城市东滩煤矿学校的李红玲老师，淄博市周村区城北中学的孟晓老师，青岛市洮南路小学的孟璐瑶老师，东营市垦利区第一实验小学的王娜老师，莱芜市莱城区高庄街道办事处中心小学的李传微老师，博兴县博奥学校的王艳老师，济南市历下区历山学校曲玮丽老师。17 位老师丰富的课堂内容、精彩的课堂呈现、高效的课堂互动和真实的语言输出，受到了现场老师的一致好评。与会老师纷纷对他们的精彩表现以及他们身后优秀的教研团队高度称赞。

山东省教科院教研员杨璐老师宣布最终的比赛成绩，17 位教师的成绩比较接近，荣获前六名的教师分别来自枣庄、青岛、烟台、济南、淄博及威海的老师。

同时，对各位选手的课堂效果予以科学公正的点评。

一、优点

（1）总体来说，各位教师的课堂非常精彩，17 位参赛选手付出了艰辛的劳动及辛勤的汗水，每位选手的后面均有一支强大的教研团队给予支撑，都把最好的课堂特色呈现给了大家。

（2）每位选手的教学素质高、仪表举止大方、英语的口语表达能力强、师生互动有效、课堂的调控能力强、目标的关注度达成度高等。

（3）教学内容的选材丰富多彩，包含童话、故事、日记、购物、科普、节日等方面的内容，选手们大胆尝试，勇于创新，不断挑战自我，从而使课堂精彩不断。

（4）教学方法先进，充分利用了信息技术、点读笔等比较前沿的教学工具，有助于学生学到纯正英语读音，为学生以后的英语学习打下好的基础。参赛教师做到了着力于提高学生的语言运用能力与表达能力的培养，学生成了课堂的主人，教师大胆放手，科学引导，集"学说演唱"于一体，紧紧围绕课堂目标展开一系列的双边及多边活动，教学效果明显。

（5）重视教学评价。多元化的教学评价贯穿课堂始终，提高了学生学习的积极性与主动性，课堂气氛活跃但有序，动中有静，静而不闷，教师主导学生主体有机融合。

（6）能科学地实施课堂教学，高度关注学生，以学生获得知识的参广度和深度为落脚点，积极开展各项互动活动。

二、存在的不足

（1）教案的科学设计有待提高。有的教案存在缺项，语言文字的使用不够严谨，目标、内容、方法不能高度一致，教、学、评不一致，德育目标假、大、空等问题。

（2）有的课堂特别热闹，但容量较少、学习内容简单单调，存右虚假学习之嫌。

换句话说，一堂优秀的课应该是教学内容丰富，含金量要高，实施有意义的学习，进行深度的学习。

（3）课堂教学要有主线，但有的教师却没有做到这点。

（4）有的教学内容难度过大，不符合学生认知规律。

（5）有的教师不以学生为中心，在教学过程中抢说学生的话、抢做学生的事、无视学生的错误，师生间产生不了真正的思维碰撞，教学效果较低下。

（6）在文本解读方面还学下大气力。有的教师没有完全吃透教学内容，某些细节还需要特别关注。

研讨会的最后一天，外研社特聘英国英语教育专家克莱尔做了自然拼读方面的专题报告。

通过三天的学习，我感到提高不少。我将以此次活动为契机，大胆进行自然拼读与阅读教学探索，立足英语教学实际，聚焦课堂，为全面落实《全民阅读"十三五"时期发展规划》和《山东省中小学德育课程一体化实施指导纲要》贡献自己的微薄之力。

2019 年四校寒假培训学习反思

伴随着浓浓的年味，迎着春风，四校一处举办的教师寒假培训会于 2019 年正月十一日早 8：30 在凤凰小学和美厅拉开了序幕。

在三个小时的专家讲座时间里，来自深圳的青年教育专家贾高见老师给全体教师做了"教师思维模式教育和班级管理暨教师的专业思维和专业成长"的报告。通过引用大量的亲身体验的教育案例，向全体与会师生动形象地诠释了一个个活生生的、高效的、科学的、成功的教育教学活动，整个报告给人一种深入浅出、游刃有余、水到渠成的感受。小事例大道理，小活动大德育，以理服人，用事实说话，让数据说话，将枯燥无味的口头说教变成了高效有力的实例教育，让老师真正地走进学生的生活，走近学生的心灵。教师真的与学生打成一片，成了他们前进路上的一盏指路明灯，从而大大地凝聚了全体同学的向心力与战斗力，充分调动了学生们的积极性和主动性，这种无形的力量一直在督促着他的学生不断追求，勇于超越自我，自觉地把平时的事情做细、做精、做好，做到卓越。

在平时的教育教学工作中，做好学生工作的前提首先是改变自己，改变自己处理问题的方法方式以及课堂活动设计的有效性。专家告诉我们，教育的方式重于教育的内容，不是孩子不愿接受我们的教育内容，而是抗拒我们给予他们的教育方式。简单粗暴的教育方式大多数情况下所起的作用几乎为零，有时甚至起副作用。相反，科学的教育方法可能会起到事半功倍的良好效果。教育不拒绝灌输，前提是要有内心的触动和接纳。要想使我们的教育对象信奉我们的说教，就必须先使他们深信我们教育理念的正确性。所谓的"亲其师信其道"，强调的是师生间融洽关系的重要性。但教师必须认识到良好的、融洽的师生关系只是前提，比其更加重要的应该是，让学生信服为师者的理由和不用扬鞭自奋蹄的硬道理以及发生在他们身边的活生生的例子。

就我而言，通过学习，我意识到自身存在着许多问题。同专家相比，我在工作中，一是缺少持续的工作热情，干工作的惰性多于热情；二是缺乏持久的韧性，缺乏锲而不舍的坚持、百折不挠的韧劲；三是缺少近期及远期的发展目标，没有目标便失去了前进的方向；四是缺少自信心及幸福感的体验。

　　本次培训学习，我深受鼓舞与启迪。我争取在以后的工作与学习中多读书，勤反思，多积累，重实践。在教育教学这片沃土里，争取收获更加丰硕的果实！

学习"校本研修的组织与管理"讲座的心得体会

在南京培训学习的第三天下午，陕西省特级教师、陕西省中小学校本研修项目办执行负责人吴积军老师给大家做了"校本研修的组织与管理"的讲座。吴老师既有丰富的一线教育教学经验，又有扎实深厚的理论功底，旁征博引，案例分析真实生动，讲座风格灵活多变、风趣幽默，所有学员学得认真、记得仔细，使大家对校本研修的认识更加深刻清晰。

（1）校本研修是助推学校可持续发展的源源不断的动力。校长是学校校本研修的第一责任人、设计者、监督者，全体教师是校本研究的主人。这样一个全员参与、通力合作的团队一定会给学校的高质量发展带来用之不竭的动力。

（2）校本研修的基本形式有他组织和自组织两种。他组织是校本研究的基本形式，是学校职能部门设计的任务驱动，其形式包含课题研究、反思总结研讨、互动教研交流、骨干辐射带动、网络研究深化、观课议课研讨等。自组织是常态化的，它是效益驱动。它以自我反思、同伴互动、理论研修为基本途径，以自我规划设计、自我研修为基本形式，以关注课堂、研究学生、提高课堂效率为基本流程，以创新教法、引导学生为基本思路。

（3）校本研修方面的八个活动。在实际的教育教学活动中，校本研究与教学实践、课堂改革等密切结合，可通过下列八个活动来实现。一是阅读一部"专著"，二是设计一份"教案"，三是提交一个"案例"，四是录制一个"优课"，五是进行一次"讲座"，六是撰写一篇"论文"，七是研究一个"问题"，八是展示一次"课堂"。

（4）教育教学中遇到的实际问题就是校本研修的内容。

①提高教师的专业素养（如法律法规素养、职业道德素养、身心健康素养）。

②丰富教师的专业知识。

一是本体性知识（教什么）；二是条件性知识（怎么教）；三是实践性知识（怎

么做）；四是发展性知识。

③ 提高教师的专业能力。

一是教育设计能力；二是教育实施能力；三是教育评价能力；四是教育研究能力；五是资源整合能力；六是教育管理能力；七是自我发展能力。

（5）校本研修的方式与途径。

① 让自己的精神不懈怠。王国维在《人间词话》中提到古今成大事业、大学问者，必经过三种境界："昨夜西风凋碧树。独上高楼，望尽天涯路。"此第一境也。也就是说，做学问成大事业者首先应该登高望远，鸟瞰路径，了解概貌。"衣带渐宽终不悔，为伊消得人憔悴。"此第二境也。也就是说，做学问成大事业不是轻而易举的，必须经过一番辛勤劳动的过程。"众里寻他千百度，蓦然回首，那人却在，灯火阑珊处。"此第三境也。也就是说，经过反复追寻、研究，到最后取得了成功，这用在教师专业成长上再贴切不过。

② 做会成长的教师。提高教学技能，让自己手上有技术；落实教学常规，让自己心中有规划；促进专业素养的进步，让自己脑中有智慧。

③ 做会教学的教师，从整体上把握。一是构建系统性完整知识框架，从方向上把握；二是善于从课标和考试命题分析中把握教学的侧重点，从方法上把握；三是研究满足不同层次、不同类型学生的学习需求，从评价上把握；四是及时诊断学生的学习效果，并立即进行调控，从效果上把握；五是做到有效作业、真实检测。

④ 做会研修的教师。一是进行自我归类（如专家型教师、骨干教师、优秀教师、合格教师、潜能型教师）；二是进行职业规划（如学期计划、五年规划等）；三是进行实践反思（如课后及时修改教案、撰写论文、命制试题等）；四是进行交流学习（如多与同事交流成功与失败的案例，多读教育名家论著）；五是借助网络研修（如 QQ 互动等）；六是勤于总结（如总结教学方法、总结教学得失、总结成长经验、总结失败教训）。

⑤ 做不耻下问的教师。

* 向谁问——最好的老师就在身边。

* 怎么问——投桃报李，建立"熟人共同体"。

* 问什么——教育教学中的疑难与困惑。

⑥ 做乐于求教的教师。要从书籍中学会与名人对话，要从网络中学会与同行对话，要从讲座中学会与专家对话。

吴老师最后讲道：你改变不了环境，但可以改变自己；你改变不了过去，但可以改变现在；你不能控制他人，但可以掌握自己；你不能预知明天，但可以把握今天。你不能延伸生命的长度，但你可以决定生命的宽度。往前走、走的结果怎样、怎么走，这些都可以讨论，但有一点不容讨论、不容怀疑，就是必须走，这一点必须守住。

培训学习是为了更好地提高自我的专业水准。在以后的教育教学工作中，我将把所学知识内化于心，付之行动，不断反思，勤于总结，为学校的校本研修工作及"和美课堂"的构建多做贡献！

参加新时代名校长教育思想高级研修班培训之心得

感谢高新区社会事业局组织的新时代名校长教育思想高级研修班培训，感谢学校给我提供这次外出学习的机会。

2019 年 12 月 1 日，我们一行 29 人在社会事业局领导的带领下来到坐落在十三朝古都西安的陕西师范大学参加培训。在为期五天的新时代名校长教育思想高级研修班的学习中，我们听得认真，记得详细，学有所悟，学有所得，不虚此行。本次培训内容丰富，形式多样，精彩纷呈。通过聆听专家讲座、案例分析、实地考察、课堂观摩、聆听经验介绍、交流研讨等，我们增长了学识、开阔了视野、拓宽了思路、改变了思维。在学校管理、领导智慧、爱岗敬业、校园安全防范、理念更新、课程建设、课堂教学等方面，我们提升了认知水平，碰撞出了思想火花，受益匪浅，感悟颇深。

一、 享受教育教学生活，做一名幸福教师

提起幸福感，人们往往想到的是个人幸福感，很难联想到职业的幸福感。教师职业的劳心劳力、社会地位、劳动报酬确实很难轻言幸福，但这并不意味着就没有了教师的职业幸福感。尽管这一职业有很多的压力，然而几乎每一位老师都在尽可能地教育、关心、呵护以及鼓励学生，许多教师为了这个职业，不仅仅贡献出了时间和精力，而且有的教师还得了职业病，甚至有的教师身上有多种疾病，但可贵的是他们仍然坚持带病工作，永不言弃。

对于教师而言，是否能时时处处感到幸福是很重要的，因为这不仅仅关系着自己是否快乐，更影响着身边的学生。只有教师幸福，学生才会感到幸福。那么教师如何去感受幸福呢？

学会享受课堂。课堂是教师生命最重要的舞台，一个懂得享受上课的人，课堂便自然会成为其享受幸福的重要舞台。营造一个充满生命活力的课堂，融入学生之中，

与学生一起唱歌，一起跳舞，一起欢乐地学习……这样教师就会少了许多不必要的焦虑和烦恼，成为一个快乐的人、幸福的人。

学会享受学生。教师的幸福感主要来自学生的成功和他们的真情可报，来自学生对教师的尊重、理解、感激等。古人云，"亲其师，信其道"，要让学生感恩教师，教师就必须学会感恩学生、平等对待学生、呵护学生、尊重学生。如果真正做到这一点，那么幸福感就会越来越近。

当然，教师也应在现实条件下积极地丰富和提升自己的精神世界。如果我们直观面对教师这个职业，那么教师职业也会以幸福来回馈我们。彻底敞开，全然进入，活在当下，享受过程，率性而为，高峰体验，正是我们享受职业幸福的最高智慧。教师是和人的成长关系最密切的职业之一，当我们看到一个个新入职教师在自己的引领和感召下不断成长起来，看到学生在自己的呵护下健康茁壮地成长，这种成就感和幸福感是令人感到欣慰的。

二、 弘扬工匠精神，把工作做到极致

工匠精神，是指工匠对自己的产品精雕细琢、精益求精的精神理念。它代表着一个集体的气质以及耐心、专注、坚持、严谨、一丝不苟、精益求精等一系列优秀的品质。2016 年，李克强总理在政府工作报告中首次提出了"工匠精神"。工匠精神落在个人层面，我简单地认为就是一种认真精神、敬业精神、创新精神。工匠精神是一种情怀，是一种担当。工匠精神不是口号，它存在于每一个人心中，同样也存在于每一位教师的心中！

教师的工匠精神是"精于工""匠于心""品于行"，是慢慢等待、静静等待、悄悄聆听、不浮不躁，是一种情怀、一种执着、一份坚守、一份责任。它是对学生高度负责、严谨治学、精益求精的态度；它是默默无闻地奉献、潜心教育教学、忘我辛勤工作的精神。作为新时代的教师，我们应该把工匠精神贯穿到我们的学习和工作中去，将教育教学工作精雕细琢，做到极致，达到完美无瑕的境界！在工作中不寻求捷径，踏实认真。弘扬工匠精神，做好常规过程的每一项工作，享受教育教学本身所带来的幸福，做一名新时代的好老师。

三、 强化法律意识，防范校园风险

校园风险无处不在，无时不有。比如，教育教学活动组织失职，校舍存在安全隐患，教师体罚、变相体罚、口罚，教师责任心不强擅离职守，不了解学生的身体状况上课时出现异常，学校救助不力导致不良后果加重等，都易引起校园风险。因此，防范校园风险是摆在学校全体教职工面前的一项重要任务。

从学校层面上说，管理者要增强防范校园风险红线意识，把各项管理工作落到实处。加强防范校园风险工作的流程化管理，做到防范校园风险工作与养成教育相结合，防范校园风险工作与教育教学常规管理相结合，防范校园风险工作与排查整改相结合，防范校园风险与落实"一岗双责"相结合，实现防范校园风险工作人人有责。同时，学校要加强师德师风建设，加强常规性师德师风培训，不断增强全体教职工防范校园风险的能力，把一切不安全因素消灭在萌芽之中。

对教师而言，要严格执行《中小学教师职业道德规范》《中小学教师职业行为十不准》。强化法律意识，依法执教，规范教育教学行为，不越红线，不碰"高压线"。牢记"一岗双责"，做好教育教学工作的同时，还要做一名防范校园风险的践行者。

本次培训活动已经结束，但我们的学思践悟刚刚开始。在平时的工作中，我们应立足本职，结合实际，把学校的各项工作做精做细。他山之可以攻玉，我们在学中做，在做中学，取人之长补己之短，科学谋划优化提高。俗话说："众人拾柴火焰高。"集体的力量是无穷的，每个人的力量也是不可低估的。把自己的本职工作干好是每位教师应尽的义务。

学无止境，学用结合，让我们做更好的自己！

近几年暑期培训观课报告

一、"Unit 4　At the Farm"观课报告

学习完"观课评课"模块里的四个课例后，我印象最深的是第四个课例"Unit 4　At the Farm"，该课例给我留下非常深的印象的原因是，王凤老师的课堂看起来并不十分花哨，但教师非常注重学生参与课堂，非常重视学生对基础知识如单词等的学习，所有的道具均为学习基础知识服务，使得课堂效果事半功倍。

整堂课老师的引导贯穿课程始终，这也是在实际教学过程中老师们最常采用的模式。但王老师设计的每个环节学生都能非常好地参与进去，这种非传统的互动式教学模式贯穿课程始终，令我感觉耳目一新的同时受益匪浅。

在课堂的开始，老师引入了一首 *Old McDonald had a farm* 英文歌作为课程的开始。老师一边放视频，学生一边跟唱，课堂气氛迅速地活跃起来，为后续的学习打下良好的基础。王老师不仅在"开场白"阶段注重学生的参与，在其后的每一个环节，都非常重视与学生的互动，时刻吸引学生的注意力，形成了师生间真正的互动交流。而且，这种互动式教学贯穿课堂教学的始终，教学效果非常突出。

除此之外，王老师的课堂还非常重视学生对于基础知识的掌握。其实，无论是哪种教学方法，基础知识比如单词、句型等依然是学习的重中之重。现在由于课堂教学模式的多样化，使得一些课堂表面看上去丰富多彩，学生也非常喜欢，但由于过分追求教学手段的多样化，而忽视了教学的实际效果，很多知识的学习都是"水过地皮湿"，学生在课堂上没有办法扎实掌握。小学生从零开始学习英语，如果不能养成一个良好的书写习惯，随着年级的增长、英语学习难度的增加，习惯的培养会越来越不受重视，因此，王老师的这一做法再次提醒了我，在丰富课堂表现形式的同时，注重对学生学习习惯的培养，保障孩子们在刚开始学习英语时就在正确的轨道上行走。

总之，观看完王老师的课堂实录、课件设计以及教学设计等内容后，我觉得这是一节比较成功的英语课。小学教育相较于其他阶段教育的特殊性在于，教学对象年龄较小，这就决定了他们的注意力、定力、毅力较其他年长的学生要差。正因为如此，我们需要多样化的教学手段帮助我们使学生在课堂上保持昂扬的学习状态。此外，小学英语教育是为学生一生的英语学习打基础的阶段，多样化的教学手段可以帮助老师优化课堂，但绝不能喧宾夺主，最终的目的还是要帮助学生打下坚实的基础，为将来的英语学习铺平道路。王老师的这堂课从教学方式以及教学效果来看，无疑都是成功的，因此也成为我今后教学中需要学习的典范。

二、 观看优课视频报告

今年的研修，我观看了三位优秀教师的优课视频，收获颇丰，受益匪浅。三位老师的教学基本功扎实，口语规范流利，语速快慢适中，讲解示范到位，向我们展示了高超的教学基本功和精湛的教学艺术。各位教师运用科学的教学方法，借助先进的信息技术，给同行们奉献了精彩纷呈的优课。他们扎实的教学功底和高超的驾驭课堂的能力很值得我借鉴学习。

三节课教学目标定位准确适切，表述清晰规范，教学内容选择合理，运用得当，符合学生实际水平与教学要求。教师能围绕教学目标，有效整合教学资源，科学使用多媒体组织教学。整个教学过程环环相连，循序渐进，有水到渠成之感觉。在各个教学环节中，教师们的教法灵活，各有千秋，各位老师处理得自然得体，贴合实际，突出高效，大大地激发了学生学习的欲望，激发了学生的学习兴趣，提高了他们英语学习的积极性。

在接下来的教学过程中，突出了英语学习的人文性与工具性，教师们精心设计出了一系列行之有效的课堂活动，进一步激发起学生学英语的兴趣，极大地助推了对所学内容的熟练掌握。通过采用"表演""竞赛""游戏"等教学方法及有效地利用英语原声光盘及 Flash 动画等教学手段，对所学内容进行大量的有梯度的训练，使学生在好奇与快乐中感受学英语的乐趣和魅力，极大地提高了学生学习英语的针对性和有效性。每节课课堂教学氛围民主，充分尊重学生的意见，师生关系、生生关系融洽，互动交流顺畅，互助合作主动。教师重视学以致用，积极引导学生在运用中学说英语，做到了大胆放手，有放有收，能放能收，教学效果非常突出。

总之，教师能科学地教授应学知识，并结合教学内容对学生不失时机地进行社会主义品德和正确人生观、科学世界观教育。教师能够熟练运用理论联系实际、直观性、启发性、循序渐进、巩固性教学原则，是值得我学习的成功的英语课。

三、"I've got a new book."观课报告

研修平台提供的三节优课非常实用，通过观课学习我受益匪浅。下面就山东寿光东城高级小学李伟老师执教的优课"I've got a new book."谈谈自己的感受。

"I've got a new book."这节课是外研版《新标准英语》三年级下册的教学内容。本课主要围绕 have got 句型，通过四个小朋友互相展示自己拥有的物品，学习如何用英语来描述自己和询问他人所拥有的物品。

总体说来，李老师在本课的教学中，为能体现"学生为主体，教师为主导"的教学理念，她通过使用 PPT 课件、CD-ROM 等教学手段辅助英语课堂教学，并通过创设一系列较为真实的学习情景，让学生在具体的情景中学习新词、新句型，然后再运用语言交流，使教学源于生活，又用于生活，使学生学有所得，学有所用，有效地激发学生学习英语的兴趣，同时又能体会到成功的喜悦。

就教学的各环节而言，整堂课呈现出以下几个特点：一是导课新颖有趣。上课开始用歌曲热身，营造轻松愉快的氛围，用师生谈话的方式，拉近师生距离，导入本课主题，真正做到"眼到、手到、口到、心到"，让学生全身心地投入活动和学习中，从而充分调动学生的积极性。二是由于多媒体具有综合处理语言、文字、图形、图像、动画、视频和声音的能力，对教学起到了很好的辅助作用，因此李老师充分利用多媒体创设情景，引起孩子学习的兴趣，让多媒体充分地为教学服务。本课重点单词以及句型主要采用多媒体课件进行教学，然后通过 CD-ROM 动画进行课文的教授，直观、形象、有趣。通过多媒体化抽象为形象，既突破了重难点，又使学生不受时间、空间的限制，观察力、想象力和思维能力都得到了培养和发展。三是注重教学情景创设，培养语言运用能力。通过情景创设，拓展了学生对所学句型和所授新单词的运用，将课堂教学自然延伸到课外，有意识地培养学生语言运用的能力。在巩固练习环节，采用猜测物品位置的游戏，让学生自己创设情景，进行对话，增强了语言运用的趣味性。

四是重视学生的合作学习。合作交流能培养学生的合作精神，调动学生参与活动的积极性，从而创造和谐的师生关系。像课堂中采用的单词游戏、对话游戏等，通过合作学习，使英语课堂变成了交流的课堂、实践的课堂，使学生得到了更多锻炼和表现的机会。

校内教育教学探究

创建良好的学英语环境

转眼间，开学已有三个多星期了。今天是周一，回想刚刚过去的几周，反思一下自己的英语教学，总感觉既有收获又有不足。应该说，我这段时间一直是非常忙碌的，一是自己所教班较多（五个自然班，加上五个早读共20节课），二是还有其他一些分管的工作，总体来说真的很忙。

一、 沟通方面的问题

由于是新分新接的班级，所以大部分学生我都不认识，在一定程度上影响了与学生的沟通与交流。为了尽快适应学生的学习习惯，也为了让学生快速地适应新教师的教课方式及教学思路与教学方法，我大胆地尝试了一些新的教育教学方法，效果比较明显，可以说初战告捷。

二、 大班额问题

教五个教学班、近350名学生的工作量，对一个年轻教师来说都有点儿累，更何况我这个年过半百的老教师。说实话，只是教课的话应该不是问题，更大的难度在学生管理、作业的批改、课下辅导及课后调控等。众所周知，教师所教班级的多少与教学质量的提高在一定程度上是成正比的，教班越少，越容易管理，越容易提高成绩，反之亦然。我深知要想改变这一不利局面，就必须进一步调整教学思路及教学方法。

三、 班级英语学习组织机构的完善及建立

我认为一个班级学习成绩的好坏关键在于浓厚学习氛围的创建，良好的学习氛围对英语学习能起到积极的助推作用。那么，应该如何为学生创建一个良好的学英语的环境呢？我想从以下几个方面简单介绍一下。

（一）实行英语课代表制

课代表不是一个新名词，可以说每位教课的老师均有自己的课代表，他是老师的有力助手，也是教师的得力干将，所起的作用不可轻视。大部分任科教师的课代表只有一人或两人，然而，我认为我的英语课代表应该是四人或者更多。多设课代表自然有其好处，第一是人多力量大；第二是分工明确，做到各尽其能，各负其责；第三是做到互相监督，互帮互学，做到分工不分家。

（二）实行团队领读制

我所教班级的学生领读采用的是团队领读，根据学生的爱好及英语学习的具体情况，通过学生选举、班主任推荐及任课教师的观察而产生领读团队，这只团队可以是四人，可以是六人，也可以是八人或 10 人。

（三）实行学生作业"三级批改制"

在作业批改方面，我大胆尝试"三级同批"的作业批改方法，即小组长（四人小组）批阅、课代表（每班四人）批阅、教师批阅（全批改或抽查为主），当天的作业当天批改，当天的问题当天解决，真正做到及时发现问题、及时解决问题。若出现作业迟交或不交的学生，课代表能在最短的时间内告知老师，采取补救措施，让这些学生以最快的速度上交作业。并且，能够针对作业中出现的普遍问题，进行详细的讲评，做出分类总结，同时结合所出问题及时改进教学方法，做到有的放矢。此法虽然存在一定的弊端，但是在大班额教学（至少教五个平行班级近 250 名学生）的过程中，它在英语教学成绩的提高、学生的学习能力及学生英语学习积极性的提高等方面，的确起到了推进作用。

（四）实行"微信传音展示制"

开学初，各班在微信上组建英语学习群。这个学习群的主要任务是积极引导学生养成"展示自我，服务他人，互帮互学，合作共赢"的良好学习习惯，通过教师引领、互听互学、学生展示、讨论解疑等方式，达到对所学内容及时复习、巩固提高、学以

致用之目的。我们的口号是"贵在坚持"，要求学生坚持每一天，坚持每一周，坚持每一月。

当然，要想真正发挥英语学习群的作用，就必须要有高效的监督机制。教师要及时收听、回复、答疑、监督；家长应积极配合教师督促学生完成任务；各班长做好统计，确保每位同学进行展示。第二天，教师将汇总结果予以公示，并做简单的点评，提出要求。

（五）做好课后辅导工作，注意分层教学

这里提到的辅导不是单指教师辅导，教师辅导是必需的，另外，我尝试着让学优生去担任小老师，小老师中有班干部、课代表、小组长、小行长（单行）、大行长（双行），这部分学生在英语学习方面学得快，记得熟，精力充沛，时间充足，有强烈的表现欲，在帮助他人的同时还能不断收获成功和喜悦，教学相长，共同提高。采用"一帮一""兵教兵""结对子"等形式，加大对中等生尤其是学困生的辅导力度，满足不同层次学生的需求，避免"一刀切"的弊端。

提高学生的学习执行力

今天，加上早读我一共上了五节英语课，总体感觉效果不算很好。"双节"过后，大部分同学的学习状态不佳，可能是"节日综合征"的缘故吧。记得，放假前我要求的是每位学生在八天的假期中至少要读六次英语，但是，根据收到的统计数据，虽说大部分同学能完成，但是从质量方面讲却不尽人意。有的学生只满足于完成任务，没有认真地去按照老师的具体要求脚踏实地读书，只讲数量，不顾质量，读得一塌糊涂。总的说来，"微信传音"这个英语学习群确实是一个不错的学习方式，对大部分有学习环境的学生说来是很好的督促方式，利用好它绝对可以提高学习成绩，然而，如何搞好调控是摆在教师面前的一个重要的研究课题。毕竟学生来自不同的家庭，家庭的环境、家长的素质、家长的重视程度、家长的教育方式等，对学生的学习起着重要的影响。

自开学到现在，我一直尝试着进行遥控指挥，但是这项工作的确非常难做。一是时间问题。大部分学生读书的时间是在晚上的 6：00 ~ 10：00，有的学生非常积极，一回到家就读书（5：30 pm），有的学生到了很晚还在读书（10：30 pm），而且天天如此，时间跨度大，教师全程点评已经成为不可能。二是学生数量大。我所教学生共有 350 人左右，有五个英语学习群，96% 以上的学生能坚持天天微信传音，每位学生至少上传六条读音，因此，逐一听音批改也是不可能的。

在这种情况下，我最先采用的方法是行长监督，但因各行学生读书的时间不统一、监督难度较大、不便于操作而取消；接着让学生在读英语前现向行长报到，行长做出统计，这种方法虽说较前一种方法有改进，但由于本行的学生很难集中在某个时间段读英语，读书的时间跨度大，因此统计时的难度照样非常困难。最后，经过不断探索，我们采用课代表轮流值日统计、轮流抽查读书质量的方法。这样做的好处是：

（1）每位学生每周有一次值日，这样大大减少了课代表的额外负担。

（2）在抽查别人读音的同时，学生自己也学到了很多，起到了互相学习、取长补短的效果。

（3）通过监督，绝大部分学生能做到积极主动、保质保量地完成每天的学习任务，且学习效果极佳。

当然，在微信圈读英语的展示过程中，出现这样那样的问题是难以避免的。学生来自不同的家庭，学生家长的自身素质、重视程度、年龄结构、家庭环境等均对学生的英语学习有着不同的影响。为了便于统一调控，不降低学生读的效果，教师还给学生做了一些附加说明：

（1）有特殊情况不能在微信群中展示的学生，可以在家自行阅读，并请家长每天监督签字。

（2）家长不在孩子身边、监护人年龄偏大无法签字的学生，由教师或课代表在校检查学的效果，同时帮助这些同学建起互助学习小组，由一位擅长学习英语、乐于帮助别人的同学任组长。

（3）长期无故不使用微信英语学习群的学生，必须由家长出面做出说明。

我采用的第二种方法是利用"一起作业"平台，给学生提供多做题多练习的机会，从而使全体学生达到学以致用、举一反三、巩固提高之目的。通过这一平台，教师针对学生每天所学内容，有目的地布置一定数量的课下作业，作业内容比较丰富，作业形式比较多样，将作业完成的时间适当调整到第二天早上学生上学前（方便于上夜班的家长），定时进行作业检查，并及时地将作业情况反馈给家长，让家长进行监督。这样做的目的，是通过家校合作共育的教学方法促进学生英语学习成绩的提高。

培养学生的环保意识

假期来临，凤凰小学二年级的小学生们满载收获，迎来美好的寒假生活。他们在假期活动中，感受中华民族优秀传统文化魅力的同时，不忘弘扬和践行社会主义核心价值观，深入开展"小手拉大手"活动，充分发挥少年儿童在环境保护、文明出行、新风倡树等方面带动家庭、影响社会的重要作用，度过了一个安全、健康、快乐、祥和的假期。

"垃圾分类一小步，绿色文明一大步。"现在生活垃圾大体可分为四大类：可回收物、厨余垃圾、有害物体、其他垃圾。做好垃圾分类对于环境保护和资源再利用都很重要，假期中孩子们在家中、社区里利用相关知识进行垃圾分类。

本次活动通过让学生回家向家长、邻里做宣传，以"小手牵大手"的形式，将活动延伸至家庭、社区，这不仅能增强学生的环保意识和责任心，还带动了家长和更多的成年人一起来践行垃圾分类，从而推动垃圾分类工作更好地开展，将节能降耗的低碳生活方式贯穿到家庭的日常生活中。

"没有绝对垃圾，只有放错地方的资源。"二年级的孩子们心灵手巧，利用假期时间发挥自己的聪明才智，将垃圾变废为宝。他们不仅用自己的力量保护环境、节约资源，更是带动了更多成年人的环保行为。

假期中元宵节来临，孩子们制作彩灯喜迎元宵。孩子们和家长一起制作灯笼，有的利用废旧材料，有的运用折纸艺术，更有孩子运用综合材料结合手绘方法制作了一个个造型新颖、色彩绚丽、充满童趣的灯笼。这些灯笼不仅环保，充满童趣，更增添了比往日更加浓郁的节日气息。

在这个假期中，孩子们不仅收获了知识、健康和快乐，更是以"小手拉大手"的形式进行实践活动，收获了一个有意义、有乐趣的寒假。

爱，在家访的路上延伸

"千名教师访万户，师生情谊传万家"活动的深入开展，如一缕春风吹进千家万户。家访是沟通教师、孩子和家长心灵的桥梁，通过家访可以让孩子和家长都感受到教师对学生的牵挂和关心，以及寄予的厚望。特别是平时我们关注不够的学生，更是让他们觉得温暖，倍感兴奋、欣慰，原来自己也并不是一个被"遗忘的角落"，自己在教师的心中也绝不是可有可无的，教师还是注视和关心着自己。家访带给我们的收益有很多很多。

在这次家访过程中，大家深刻体会到，作为教师我们要积极地指导家长，同时多进行交流，家长和教师相互学习，相互信任，相互合作，结成一个家庭学校的教育同盟。

利用休息时间，我们走进学生家中，感受颇深。家访真能让我们和学生、家长打成一片，感情亲切融洽，这样家长们就不再会有什么误会和责怨，我们的工作就能更得心应手。同时，大部分家长的热情好客让我深深体会到作为一名教师的自豪。

在家访中，我们还了解到有相当一部分家长忙于生计，极少照看、督促孩子，这使得我们肩上的责任更重了。我们没办法选择家长，我们只能选择不同的教育方式来对待这些更需要我们关心的孩子。

很多家长都反映，老师说的孩子会听进去。作为学生的老师也特别感动于这句话，老师的魅力无极限。当然，高兴之余，需要我们付出的会更多。针对有问题的学生，我们和家长促膝谈心，用一分为二的观点分析学生，同时把握实际，灵活调节，在轻松融洽的气氛中提出孩子存在的问题，共同商量、探讨教育措施，使学生心服口服，家长也欣然配合。

家访的同时，我们还进行了义教进社区、义教进家庭的活动，我们以朋友的身份和家长孩子交流，一起学习，孩子收获了知识，家长收获了经验，我们收获了满满的信任。

通过此次家访，我们深深地理解了做一名教师的伟大与艰辛，同时也明白了教师责任的重大。在以后漫长的路途里，我只能用孔子的话自勉——路漫漫其修远兮，吾将上下而求索。

备课要从"心"开始

教学常规是学校管理之根本，教学检查是进行教学质量监控的有效手段。为加强教学管理，及时发现和解决教学工作中的问题，使每位教师的教学常规规范、精细、有实效，我们对教师们的备课进行了检查反馈。

教师们的备课用心、精妙——思维导图板书设计，既激发孩子们的想象力，又让孩子们对知识结构巧记于心。

大多数教师备课态度认真，工作扎实。教师在备课手册中圈圈点点，并且对现成的内容进行了有针对性地增、删、改、批，看得出老师们在备课前对教材的解读比较充分，能把自己的教学理念融入教学设计之中，注重学生学习兴趣的培养和学习能力的提高。教师撰写的教学后记能侧重对自己教法和学生学法的指导，并且还能对自己不得法的教学手段、方式、方法进行解剖。一些教师的课后反思能体现教师对教材处理的新方法，但是教学反思、教后记的内容有待深化，要提高反思的广度与深度，使教学反思对以后的教学切实起到反思、调整、改进的作用。

希望各备课组根据此次优秀备课展示图，发扬优势，对不足之处进行整改，加强组际、组内的交流学习，取长补短，力争使常规教学规范化、实效化。

为进一步推进我校教师队伍建设，建议以后多举行各学科教师学科素养选拔赛，教师们肯定会展现出高度的热情，积极报名。

教研活动要"落地"

　　开展教研活动，一定要落到实处，切忌假大空的存在，要注重内容与形式的有机结合，更多地突出内容。教研活动不仅仅是聚在一起，上节课、点评课、学点理论知识等，它应该有更深刻的含义。我认为所有的教研活动都离不开课堂教学，课堂教学研究是绝对不可少的。教研活动更多的应该研究一些常态课、常态高效课，而不是把几节打磨得非常光滑的所谓的示范课让老师们观看学习。因为这样不但起不到好的效果，反而起反作用，讲课的老师激情澎湃，学生配合得天衣无缝，听课的教师无精打采，最后的结果不言而喻。

　　因此，要立足教育教学实践的研讨，这不仅能为教师提供学习、研讨和交流的平台，而且能使教师们在本学科领域的教学能力得到锻炼，也能强化良好的教研风气，进一步提高教师组织指导教学活动的能力，有效地促进教师的专业成长。

德育培养从升旗仪式开始

国旗是一个国家的象征。我校每周一都要举行升旗仪式，对孩子进行爱国主义教育、行为习惯养成教育、环境教育、感恩等系列教育，孩子都很认真对待。一看到那飘扬在天空的五星红旗，就想起前辈们的付出。规范学生管理、进行德育系列教育，从规范升旗仪式开始。

一、 明确升旗仪式的意义

1.增强爱国意识，加深对祖国的认识

在开展升旗仪式之前，对学生进行教育。国旗代表着祖国的形象，让孩子们懂得要爱护国旗，珍惜国旗，要为祖国争光。通过升旗仪式教育，许多孩子都能回答如"我们祖国的名字叫什么？""我国的首都在哪里？""我国最长的城墙在哪里？叫什么？"等等，学生对祖国的认识进一步加深了。

2.争当小旗手活动

升旗仪式激发了学生积极向上的情感。由于小旗手是在各班产生的，标准就由各班的老师来决定，可以是本周有进步的孩子，可以是在一周内做了某件好事的孩子，也可以是一贯表现较好的、起到模范作用的孩子。当被选上的孩子佩戴着小旗手标志，站在国旗下，知道自己的进步得到同伴和老师的肯定，受到了集体的欢迎时，心里便会产生一种愉悦感和满足感，从而进一步促使自己的行为向良好的方向发展，使优点得以巩固。通过评选小旗手活动，对其他学生无疑也起到了促进的作用，激发了学生奋发向上的思想，努力使自己的行为符合规范的要求，争取当上一名小旗手。

3.增强自信心，提高了学生的语言表达能力

在升旗仪式上，有一个环节是国旗下演讲，这时演讲人所面对的不是某个人，而是全校的学生，这对培养学生的勇气和自信心是很有帮助的。虽然他们会感到光荣和

自豪，但要面对这么多伙伴表达自己的情感，是一件不容易的事情。

4.增强教师的责任感，提高教师的组织能力

让全校班主任教师、任课教师轮流当主持人，不仅可以让全校学生认识每一位老师，而且还增强了老师的责任感，充分发挥了每位教师的组织能力。要把爱国主义的教育内容和知识，采用不同的形式带给每位学生，老师事前都必须做好充分的准备，注意搜集材料，如在报纸杂志上找，在电视新闻上找，从我们身边的人和事去找，还要把材料整理好在短短的十几分钟内用孩子能够理解的方式告诉孩子。这不仅扩大了教师的知识面，增加了教师对祖国悠久历史传统文化的了解，还提高了教师的思想文化素质和语言表达能力。

二、 规范升旗仪式流程、明确要求

基本流程：全体师生出场及站队—出旗（奏出旗曲）—升国旗、奏国歌（全体师生齐唱国歌）—国旗下的演讲—请学校领导、班主任、老师做演讲—值周小结（学校少先队大队辅导员发言、布置本周德育工作等）—退场

（1）国旗下荣誉时刻，如发奖状等。

（2）通报国内外时政大事、学校要求等，向学生进行教育提醒、动员鼓励。

（3）部门情况需提前与大队部联系以便做好安排。并且，对各环节都做了明确要求。

三、 丰富国旗下讲话的内涵，以理有情

国旗下讲话虽然只有三分钟左右的时间，但要讲得好并不容易。首先要把好材料筛选关。不同年龄阶段的学生，其精神状态也处于不同的阶段中。因此，国旗下讲话的内容一定要将学生的年龄特征和学校实际相结合，如结合节日、纪念日等来寻觅教育的内容。

集体备课促成长

"相观而善之谓摩",摩,即学习观摩,教师之间能相互观摩,相互学习,取长补短,就能共同进步。否则,"独学而无友,则孤陋而寡闻"。为了增进教师的业务能力,促进教学质量的提升,带动新教师的专业发展,本级部于近日进行了英语教研活动。

"取法乎上,仅得其中;取法乎中,仅得其下。"备课活动之初,各位老师就用心准备,对自己的教案精心研究,力求通过完善的备课将教学质量加以提升。本次的集体教研活动,也让每位老师对第四单元的教学有了更深入的了解、更科学的认识,受益匪浅。

首先,我们交流了"Unit 4 Neighbourhood"的总体思路。

四位主要备课教师展示了他们设计的四节有特色的教案,教学目标设计合理,教学重难点突出,突破重难点的方法得当。

凡事预则立,不预则废。备课是上课的基础,备好课才能上好课。相信每位老师都会在这样的集体备课活动中有所收获,有所成长。

"跳蚤市场"之感悟

为了倡导低碳生活，培养学生废（旧）物利用、从小事做起的意识，凤凰小学五级部开展了"跳蚤市场"活动，在培养和美少年的同时，培育争做节约资源的好少年。希望通过类似商品市场的交易，让学生初步学会理财、推销、购买商品。

本次活动以班级为单位设计推销标语及口号，进行团队合作，增强团队意识。活动义卖款由家委会管理，建立班级账目，用于班级活动或图书角建设。

一、 活动准备

（1）班主任提前把本次活动的目的、形式、商品范围告诉家长，得到家长的支持和配合，同时欢迎家长前来当顾客或参观。每班安排两到三位家长协助维持秩序。

（2）班级发动宣传，选出管理员、收银员、推销员、记账员，每个摊位上有摊主一名（老师担任），由班主任或家长进行适当培训指导。

（3）学生整理自己的商品，进行分类，单件商品价格以一至十元为宜。

（4）各班要先给自己班的展位选定名称，也可制定促销展板、标语、条幅、促销口号等，形式不限。

二、 活动规则

（1）参加交易的学生须携带经家长同意的一到两件物品进行交易或互换，物品不在多。

（2）物品种类：图书类、益智玩具类、学习用品、生活用品、小饰品等。

（3）商品须由本人提前做好标价，贴在商品上。提前一天做好物品登记等。

（4）所交易物品必须保证清洁卫生，无明显缺损，不影响再次使用，最好是八九成新。交易物品以价廉物美、富有价值、健康实用为佳。

（5）各班物品按价位摆放好，成交价格须公平合理，严禁欺诈行为。

（6）交易必须建立在双方自愿的基础上，不得强买强卖。交易一经成功，不得反悔。

活动在下午一点半正式开始。各班所售物品琳琅满目，从书籍、杂志，到布偶、衣服，从发圈、镜框到衣服。前来淘宝的学生淘在其中，乐在其中。活动中，同学们大声吆喝着"走过路过千万不要错过""大抛货，最低只要一元"，他们的全身投入，让"跳蚤市场"的气氛更活跃，成为校园里一道亮丽的风景。

跳蚤市场为同学们搭建了闲置物品交易的平台，不仅使闲置的资源得到了充分利用，也减少了因为闲置造成的浪费与环境污染，既促进了同学们之间的交流，又让同学们感受到了交易的乐趣。同时，也让同学们在买卖之间互通友谊，培养了勤俭节约的好习惯。

本次活动中，学生体验到了"做老板"的艰辛、"挣钱"的喜悦，可以说是一举多得！参加跳蚤市场的学生们都高兴极了，纷纷表示对下一次跳蚤市场充满期待。

军训感悟

颯爽英姿五尺枪，曙光初照演兵场。

英雄儿女多奇志，不爱红装爱武装。

2018年9月4日是开学的第二天，阳光明媚，万里无云，天气有点热，四、五年级的学生在参加军训。简短的开幕式后，一声嘹亮的军哨，吹响了第一天的军训生活。教官们各就各位，三天的军训生活徐徐拉开了序幕，"一二一，一二一，一二一……"一阵阵稚嫩而铿锵有力的声音从凤凰小学的篮球场上传来，为这金秋时节添了些许生趣。

军训的目的，是想通过严格的军事训练，提高学生的政治觉悟，激发爱国热情，发扬革命英雄主义精神，培养艰苦奋斗、刻苦耐劳的坚强毅力和集体主义精神，增强国防观念和组织纪律性，养成良好的学风和生活作风，掌握基本军事知识和技能。学生军训是加强全民国防教育的需要，国防教育是全民教育的一项重要内容，也是当代小学生整个思想政治教育的重要组成部分。

军训虽然苦，但它让孩子们懂得了要珍惜现在的幸福生活；军训虽然累，但它让孩子们体验到了超越体力极限的快感；军训虽然严，但它让孩子们更加严格地要求自己。

军训的感悟是需要用心去体会的，它加深了孩子们对保家卫国责任的理解，它告诉了孩子们面对困难应有的态度。

军训，让五年级的学生，在面临毕业的这个学年，拥有战胜困难的勇气，懂得了团结互助。"宝剑锋从磨砺出，梅花香自苦寒来。"人是在不断地磨练中长大的，就像一棵小树一样，只有经历过风雨的洗礼才能长成参天大树。

炎炎烈日中，孩子们不畏惧，让汗水尽情挥洒吧！为孩子们的成长做见证。请为孩子们鼓掌，因为孩子们的飒爽英姿，因为孩子们的勇敢与坚持！

九月，激情飞扬，朝气蓬勃，一张张充满朝气的笑脸，一个个有力的臂膀，一声声自信的口号，成为阳光下最亮丽的风景线！

教育教学使命篇

我的教育教学观

多年来，我能认真地做好自己的本职工作，积极参加教研教改活动，努力提高教育教学水平和政治理论水平，从而不断完善自我。在教书育人中，我从各方面严格要求自己，使教学工作有计划、有组织、有步骤地开展。现对本学期教学工作进行回顾与思考，以促进今后的工作更上一层楼。

第一，我热爱党的教育事业，发扬奉献精神，严格执行教育方针，尽职尽责，教书育人；同时，热爱、尊重、了解和严格要求学生，不歧视、挖苦他们，循循善诱，诲人不倦；要求学生做到的，我自己首先做到，以身作则，为人师表。我处处以《教师职业道德规范》来约束自己的言行，认真参加政治学习，不断地提高自身的政治素质；加强学习，不断更新教学理念，牢固树立"以人为本，育人为本"的思想。

第二，本人能够严格执行学校的作息时间，不早退，不迟到，做到早出晚归，按时上下班，从不因为个人问题耽误上课，给学生做了极好的表率。

第三，在教育教学工作中，本人积极认真学习新课标、新教材，将教材、教法、学法尽可能完美地结合，积极、认真备好每一个教案，上好每一节课，充分发挥课堂40分钟的作用，尽可能减轻学生的课业负担，同时积极学习钻研名师、专家的教育、教学理论，探索适合班级的教育方法、教育模式。与此同时，我还向身边有经验的教师学习，积极参加听课、评课活动，努力提高自己的教育理论水平；同时，在业务上精益求精，积极探索多媒体、网络教学，拓宽教学新思路；与此同时，采用灵活多变的方法，尽最大限度调动学生学习的积极性、参与性，提高学生的学习成绩。具体做法如下。

（1）深入钻研教材，备好每一堂课。能根据教材内容及学生的实际，拟订教学方法，创造性地使用教材，编写比较实用性的教案、学案，体现有效的学法指导。

（2）努力改变教学方式，提高教学质量。在课堂上，大胆改革传统的教学方法，把自主学习、合作学习引入课堂，注意调动学生的积极性，加强师生互动，充分体现学生的主动性，让学生学得容易、学得轻松、学得愉快。同时，在每一堂课上都充分考虑每个层次的学生的学习需求和学习能力，让各个层次的学生都得到提高。

（3）精心设计练习，认真批改作业。我们力求每一次练习都有针对性、层次性。同时，对学生的作业批改及时、认真，分析并记录学生的作业情况，将他们在作业过程中出现的问题做出分类总结，进行讲评，并针对有关情况及时改进教学方法，做到有的放矢。同时，根据教学内容布置实践性的开放作业，比如，家长孩子一起编写、表演英语对话。

（4）做好学科培优转差工作，全面提高教学质量。对于学习能力相对好的学生注重他们在更深层次上的学习和探究；对于学习能力相对困难的学生，从基础知识方面着手对其进行有针对性的教育教学，促使他们可以逐渐跟上其他同学的脚步。

在课后，为不同层次的学生进行相应的辅导，以满足不同层次的学生的需求，避免了"一刀切"的弊端，同时加大了后进生的辅导力度。通过一学期的不懈努力，本班的优生在探究问题、预习、解决问题等方面有了较大的提高，在统一考试中，有多人得满分；后进生学习积极性也有所提高，能自觉完成作业；考试不及格的人数也逐渐减少。

（5）认真做好教学反思工作，不断提高自身的业务素养。授课后及时记载本课教学的成功和失误，能够比较真实地从教法的选择、教师的备课、教学目标的要求与学生的认知水平及教材的编写等方面加以分析，寻找问题出在哪里，并能提出今后的改革措施，从而不断总结经验、吸取教训、改进教法，提高自身的业务素养。

（6）积极参加教研活动，努力提高自己的理论水平。在备课组教研中积极发言，在教学目标、教材处理、规划教学流程、创设问题情境、化解教学疑问、促进学生心智发展上，善于提出自己的意见与建议。在学校的教研中，敢于提出自己不同的见解和发表自己的意见。

第四，教研方面，自己除了能一如既往地认真学习、深入钻研外，还积极参加各种教科研活动，制订教研计划，并按计划进行学习、交流、研讨、反思，积极上好汇报课、公开课，撰写教学反思、教学案例、教学论文，为科研课题收集数据、资料。

总之，尽自己最大的努力用科学的方法、严谨的态度、务实的作风搞好校本教研，搞好教学科研。

第五，存在的问题。时代的不断发展带给我们新的挑战，同时也给教师的成长带来了机遇。回顾一学期的工作，我发现存在一些问题与困惑。如，有的班级的学困生还比较多；有的学生平时的学习劲头还不够高，自身的教学理论还比较缺乏；在教学经验论文的撰写方面比较少动笔，懒惰思想时有发生；备课有时还存在不够仔细等问题。另外，课堂上仍有以下几点比较困惑：教师在课堂中如何处理好放与收的关系？如何处理好个性发展与全面提高的关系？如何做到既尊重学生又达到英语教学优化的问题？教师对课堂教学中如何做到关注三个维度目标、如何有效进行整合？

第六，今后努力方向。

（1）树立先进、正确的教育观。要树立现代学生观，学会以发展的眼光看待每一个学生。我们要相信学生的巨大潜能，并努力去探索发掘；在教育教学活动中发扬学生的主体精神，促进学生的主体发展，努力做到因材施教。

（2）加强学习，主动进行知识的更新和"充电"，自觉拓宽知识领域，了解所教学科的发展动态和各学科之间的相互联系，将最新的、最实用的知识和技能传授给学生。我们要充分运用电子白板等多媒体手段，提高英语教学的实效性。

（3）加强对课堂教学的研究，争取形成自己的教学风格。努力将新的教学理念落实到课堂上，从转变学生的学习方式为入手，不断探索现代课程改革的路子。引导学生学会预习、学会交流、学会合作，打造高效幸福课堂。

（4）善于学习，勤于动笔。每学年学习一本教育教学专著并做好学习体会，平时认真阅读有关教学理论刊物，结合自己的教学研究每学期撰写一篇比较有价值的教育教学论文，从而不断提高自身的教学理论水平和科研能力。

一分耕耘，一分收获。成绩代表过去，未来还需努力。在今后的工作与事业中，自己将再接再厉，以饱满的热情、旺盛的精力迎接全新的挑战。

"两学一做"学习教育心得体会

根据办事处党工委的要求，我校召开了全体党员民主生活会。会上，党支部书记张英宝同志带领大家认真学习了中共中央办公厅《关于在全体党员中开展"学党章党规、学系列讲话，做合格党员"学习教育方案》，并传达我校的学校教育实施方案，江刚校长就这次活动做了具体要求。通过学习，我深刻地认识到这次教育活动是继群众路线教育实践活动、"三严三实"专题教育之后，又一次深化党内教育、净化政治生态的重要实践，是推动党内教育从"关键少数"向广大党员拓展、从集中性教育向经常性教育延伸的重要举措。

然而，有些党员干部对于学习党章党规和系列讲话，在思想上缺乏重视，在行动上不见成效，导致思想和言行都与合格的党员标准相去甚远。要革除此弊，对中央提出的学习党章党规、学习系列讲话、做合格党员的"两学一做"要求，必须狠抓落实，真正把从严治党的要求贯彻到位。

俗话说："没有规矩，不成方圆。"党章是党的基本法、总规矩，党员、干部要把党章作为加强党性修养的必修课，自觉学党章、守党章、践党章、护党章，按照党的组织原则和党内政治生活准则办事；增强看齐意识，坚决贯彻党的理论、路线、方针和政策。党规是对党员行为的进一步规范和指引。守好政治纪律和政治规矩，不越雷池半步，不碰红线一下，把"三严三实"要求体现到修身律己、干事创业、勇于担当上来。

作为一名党员教师，如何才能做到在自己的工作岗位上履职尽责呢？

第一，党员教师是一名党员。因而，必须在新时期做一名合格的共产党员，党员教师应该在思想上起到榜样的作用，在学习和宣传党的路线、方针、政策的过程中比普通教师和学生具有更高的觉悟和更深刻的认识，在各种政治学习活动中表现出高度的自觉性，在倡导文明、破除迷信、反对邪教的斗争中立场坚定、旗帜鲜明，坚决拥护党的领导，坚持四项基本原则，处处与党中央保持一致。

第二，党员教师更是一名光荣的人民教师。要热爱教育事业，敬岗敬业，爱校如家，与人为善，热情待人，勤恳工作，吃苦在前，奉献在先，以满腔热情的姿态和认真负责的态度对待每一个人和每一项工作。同时，教师必须着眼于促进人的素质的提高，促进人的全面发展。因而，作为一名党员教师，我们要用自己的人格力量与情感力量来引导、教育学生，不但教学生知识，更要教学生做人。要注重塑造学生健康的心灵和完善的人格，从小事做起，身体力行，给学生以生动的榜样教育。

第三，在教学实践中，不但要注重学生智力的开发和非智力因素的培养，更要注重调动每个层次学生的学习积极性。要有一种强烈的改革意识，在教育教学实践中，善于捕捉教育改革的新信息、新动态，积极灵活地将当代科研成果化为己用，并切实应用到教学实践中。

第四，作为一名党员教师，要注重理论学习，把理论学习与业务水平的提高看作是党和人民事业的需要、学校发展的需要。

第五，教师要有主人翁精神。在同学中要为人师表，正人先正己，无论做什么事都要顾全大局，积极支持学校的改革，正确处理个人利益和国家利益的关系。作为党员，教师要以学校利益、党的事业为重，增强奉献精神，关心群众，帮助群众，无论做什么事，首先要考虑到我是个党员，要发挥先锋模范作用，要有团队精神、集体主义精神。

总之，通过"两学一做"教育活动，我将进一步学习党章党规、遵守党章党规、贯彻党章党规、维护党章党规，自觉加强党性修养，增强党的意识、宗旨意识、执政意识、大局意识、责任意识，重温入党誓词，努力做到为党分忧、为国尽责、为民奉献。我将立足本职，严格要求，深刻理解和掌握党规党纪知识内涵，增强自己的党性观念和纪律观念，不断提高个人素养，增强抵御各种诱惑的能力，做合格的党员教师。

参观孔繁森纪念馆心得体会

2017 年 3 月 11 日，凤凰小学全体党员及入党积极分子去聊城参观了孔繁森同志纪念馆。我感到受益匪浅，心情久久不能平静。

在孔繁森同志纪念馆，我们首先在孔繁森同志塑像前，庄严地举起右手进行宣誓，不忘初心，重温入党誓词。然后，我们仔细地观看了陈列的图片、实物，详细地聆听了事迹介绍等，整个参观过程，我们一直感动着、激动着、震撼着。

"青山处处埋忠骨，一腔热血洒高原。"孔繁森用生命书写了共产党人立党为公、执政为民的新篇章，为新时期党员领导干部树立了光辉榜样。孔繁森说："我孔繁森今日进藏，既没带来财产，也没带来金钱，却有一颗赤诚的心、一团炙热的情。我要通过自己的工作和行动，把党的温暖和关怀送到每一个藏胞心中，证明我们共产党人是为人民服务的。"朴实的话语表达了他对共产党员的诠释。从"齐鲁赤子""汗洒雪域""情系高原"，到"廉洁清正""深切怀念""光耀神州"，我认真、仔细地聆听了孔繁森的事迹，观看着他那些平凡而又伟大的遗物，深深地被孔繁森同志的高尚品格所折服。他那一件件生动感人的事迹，深深地触动了我的心灵，使我的思想又一次受到净化，灵魂又一次得到洗涤。我既为我党有这样的好党员、好干部感到光荣和骄傲，也受到了极大的激励和鞭策。

"一尘不染两袖清风视名利安危淡似狮泉河水，二离桑梓独恋雪域置民族事业重如冈底斯山。"这是对孔繁森同志一生的高度评价，虽然他的岗位是平凡的，但正是在这种平凡的岗位上，他干出了不平凡的事业，展现了共产党员的高风亮节。通过参观学习，我又经受了一次心灵的洗礼，对党的"两学一做"活动的开展有了更为深刻的体会，感到了身上肩负的责任，更加领会了今后要脚踏实地做人、认认真真做事、全心全意为人民服务的道理。要牢记孔繁森同志"一个人爱的最高境界是爱别人，一个共产党员爱的最高境界是爱人民"这句话，在今后的教育教学工作中我要更加爱岗敬业、乐于奉献、积极探索，脚踏实地地去干好自己的本职工作。

孔繁森离开我们已经 20 多年了，但他的精神却永远活在人们心中。新时代下我们向孔繁森学习，重要的是落实到实际行动上，自觉地把孔繁森同志旳先进事迹和崇高精神作为思想上、工作上、生活上的一面镜子、一把尺子，经常照一照、量一量，扬长补短，不断进步，经受住各种考验，做无愧于时代、无愧于党和人民的好教师。

（1）树立坚定的共产主义理想信念，确定正确的世界观、人生观、价值观。学习孔繁森同志，最重要的就是要抓住这个根本、学好这个根本。只有这样，才能使自己的思想升华到一个新的、更高的境界，才能始终保持正确的政治方向，始终保持奋发进取的精神状态，始终保持共产党员的先进性。在教育教学工作中，我们要紧紧围绕学校的总体工作思路，明确奋斗目标，迎难而上，开拓创新，锐意进取。作为学校领导班子中的一员，要做到上传下达，政令畅通，做校长的得力助手。作为一名科任教师，要做到积极主动，精心备课，认真上课，及时批改课下作业，适时跟踪辅导，不断参加教研教改活动，努力向课堂 40 分钟要质量。作为名师工作室领衔人，要时刻牢记自己的责任与使命，按照工作室的计划要求，健康、有效、扎实地开展各项工作。

（2）忠诚于党和人民的教育事业，全身心地投入教育教学当中去。孔繁森同志把忠诚奉献作为人生的最高境界，服从安排，真心为民，把全部精力用在了党的事业上，用在了全心全意为人民服务上。在今后的工作中，我一定要以孔繁森同志为榜样，忠诚于党和人民的教育事业，切实增强政治意识、大局意识、核心意识、看齐意识；进一步增强奉献意识、服务意识和群众观念，热爱教育事业，敬业爱岗，立足本职，扎实工作，勇于进取，不断创新；视教学质量为生命线，坚持依法执教，"一岗双责"，努力提高学生的核心素养，在自己的工作岗位做出更大的贡献。

（3）保持积极健康的心态，热爱工作，热爱生活，珍惜岗位。孔繁森同志无论是在什么岗位上，都始终保持良好的精神状态，始终保持革命的乐观主义精神，始终保持开拓奋进的工作作风。在以后的工作与生活中，我应该以孔繁森为榜样，深刻反思自己的思想、作风、纪律，要揽镜正衣、见贤思齐，时刻以优秀共产党员的标准严格要求自己，进一步增强服务意识，服务于学生，服务于家长，服务于同事，服务于学校，服务于教育，服务于社会，少说多干，乐于奉献，不搞特殊，吃苦在前。要坚决克服

"当一天和尚，撞一天钟""船到码头，车到站"的不良思想，要虚心学习，与时俱进，跟上时代的步伐，做教研教改的排头兵，做课堂教学的领头人。

（4）不断进取，追求卓越，争创辉煌。孔繁森从一名普通的战士成长为一名优秀的党的领导干部，应该说靠的是任劳任怨、扎扎实实、廉洁自律的工作作风，靠的是追求卓越、勇往直前、争创一流的拼搏精神。作为一名党员教师，必须着眼于促进学生核心素质的提高，促进人的全面发展。我要以满腔热情的姿态和认真负责的态度对待每一个人和每一项工作；要用自己的人格力量与情感力量来引导、教育学生，不但教学生知识，更要教学生做人；要注重塑造学生健康的心灵和完善的人格，从小事做起，身体力行，给学生以生动的榜样教育；要以一流的教育教学业绩，树立党员教师的光辉形象，为学校的超越发展做出突出贡献。

本次参观学习时间虽短，但给我留下的印象是深刻的，孔繁森精神将永远激励着我不忘初心，勇往直前。

参加主题党日活动心得体会

通过参加本次主题党日活动，我受到了深刻的教育。作为一名党员教师，在以后的教育教学工作中，应该在以下几个方面下功夫。

一、 坚定政治信念

时刻不忘初心，牢记使命，一心向党，坚决维护党中央权威和集中统一领导，牢固树立政治意识、大局意识、核心意识、看齐意识，坚定道路自信、制度自信、文化自信、理论自信，在思想上政治上行动上与以习近平同志为核心的党中央保持高度一致，高举中国特色社会主义伟大旗帜，为实现中华民族伟大复兴的中国梦多做贡献。

二、 加强理论学习

要做到勤于学习，充实自我，正所谓"德高为师，学高为范"，学识渊博是立足社会之本，新时代的教师必须不断地提高自己，充实自己，完善自己。要跟得上时代步伐，与时俱进，不断充电，努力提高自身的政治修养及理论水平；充分利用"灯塔—党员在线"这一学习平台，自觉搞好线上线下学习、竞赛答题等；要用党的光荣历史和革命传统涵养自己的党性、用习近平新时代中国特色社会主义思想武装自己的头脑；还要不断阅读专业书籍，了解教育教学理论，熟悉学生的兴趣所在，不断研究教材教法，使学生保持持久的学习兴趣，努力提高课堂效益。

三、 全心全意为教育教学服务

"不忘初心，牢记使命"，就是要坚持全心全意为人民服务的根本宗旨，永远保持对人民的赤子之心，不断为人民创造更加幸福美好的生活。教师的初心是教书育人，是传道解惑，是尽可能地教好每一位学生，让他们学有所得、学有所成。我们要不断加强师德修养，爱岗敬业，通过言传身教，在传授知识的同时渗透做人的道理，帮助学生完善人格。在平常的教育教学中，我们一定要有端正的工作态度，要有强烈的责任意识，要全心全意投入教育教学中。教师不仅是一个职业，更是一个事业，是一种信仰。教师工作容不得三心二意，必须要全心全意地去做才能做好。

四、 模范带头，奋勇争先

作为一名党员教师，我要积极参加党支部举办的各种活动，全身心地投入学校的教育教学之中；充分发挥党员教师的模范带头作用，展现党员风采，打造党员特色课堂，争创党员特色教研；时刻牢记一名党员就是一面旗帜，要站好岗，模范带头不掉队；要忠于党和人民的教育事业，有无私奉献的精神，在教师的岗位上辛勤耕耘、兢兢业业为学生授课，不计地位、不计名誉，为培养、教育人才倾注自己的全部心血；要公平、公正地对待所有学生，尊重他们的人格和创造精神，用自己的信任与关切，激发他们强烈的求知欲望和创造欲望。

教师职业无比光荣。我一定立足三尺讲台，心系人民教育，争做"四有"好老师，为凤凰小学的跨越大发展做出应有的贡献。

参加"不忘初心，牢记使命"学习教育活动
启动大会心得体会

2019年9月19日下午第一节课，高新区凤凰小学党支部"不忘初心，牢记使命"学习教育活动启动大会在和美厅举行，学校全体党员、入党积极分子参加会议。

会前，党支部下发党员学习材料、笔记本和学习计划。张英宝同志首先传达高新区教育工委关于"不忘初心，牢记使命"学习教育活动的会议精神，带领大家学习习近平同志的重要讲话。接着，聂华强同志传达学校党支部"不忘初心，牢记使命"学习教育活动实施方案。最后，张慧婷同志就学习教育活动提出指导性意见，并就党员理论学习提出具体要求。

会议历时一个小时，我进一步明确了开展"不忘初心，牢记使命"主题教育活动的意义所在，明确了教育学习的目标及任务。作为一名多年从事教育的党员教师，应该不能忘记自己从事教育的初心，牢记教书育人这一光荣使命，全身心地投入教育教学工作之中。在今后的主题教育活动中，我一定按照上级、学校领导的要求，做好、做实、做精活动中的每一项工作。

（1）进一步提高思想认识，认真学习党的十九大及十九届二中三中全会精神，学习党章党规和习近平总书记系列重要讲话精神，深刻认识我们党的初心和使命，切实把思想和行动统一到习近平新时代中国特色社会主义思想上来。要做到立足实际，学用结合，以"强素质、转作风、树榜样、创一流"为工作目标，以"增强本领、提升效能、促进发展、树本立标"为主要内容，积极参加学校党支部组织的各项活动，努力提升自身的政治、理论、专业水平，更好地服务于教育教学。

（2）按照学校的总体部署，通过不断回顾中国共产党领导各族人民进行革命斗争的伟大历程，重温党艰苦奋斗的峥嵘岁月，激发自我的爱党爱国之情。通过参加党课、座谈、讲座，观看影片《厉害了我的国》《泰山挑山工》，参加廉政大讲堂等活动，接

受正面教育灌输和反面教育警醒，从历史、思想、情感等方面入手，使自己铭记党的历史、严明党纪党规、激发为民初心、永葆党员本色。

（3）坚决落实好主题教育活动"守初心，担使命，找差距，抓落实"的总体要求，在检视问题上再聚焦，要有刀刃向内的自我革命精神，全面认真检视自身不足，在整改落实上见实效，要把"改"字贯穿始终，以"钉钉子"的精神抓好自身的整改落实，做到问题不解决不松劲、解决不彻底不松手，不断完善自己。

（4）做到教育教学工作与主题教育学习两不误，在实际的教育教学工作中，抓好四个结合。以高新区党工委石书记提出的"四个结合"为标准，做到与业务学习素质提升相结合，与教研、科研相结合，与课堂、学生、家庭相结合，与自身师德师风建设相结合，与提高自己的管理水平相结合，在"严"字上做文章、严格规范。

赴临沂革命老区参观学习感悟

在第二批"不忘初心，牢记使命"主题教育开展之际，学校党支部组织全体党员赴临沂革命老区参观学习。近 40 人的团队一踏上沂蒙大地，就感受到这片洒满革命烈士鲜血的热土令人热血沸腾。在导游的带领下，我们先后参观了孟良崮战役纪念馆、红嫂影视基地，所见所闻令人震撼。一幅幅画面使我们仿佛回到了战火纷飞的岁月，看到了血雨腥风的战场，看到一个个年轻的战士在同敌人的殊死搏斗中英勇牺牲，看到在枪林弹雨中来回穿梭的支前民工不断地倒下，烈士的鲜血染红了大地，染红了江河。整个参观过程，我们的心情非常沉重。参观时间虽然短暂，然而每个人的收获却是满满的。

一、 坚定理想信念，永远跟着党走

孟良崮战役是解放战争期间，陈毅、粟裕指挥华东野战军在沂蒙山区进行的一次大规模运动战和阵地战相结合的重大战役，是打破国民党军对山东解放区重点进攻和转变华东战局的关键一战。这场战役，以"从百万军中取上将首级"的英雄气概，全歼国民党"五大主力之首"的整编 74 师，击毙师长张灵甫。

在极其艰苦的条件下，我华东野战军能取得这样的胜利，靠的是中国共产党的英明领导，靠的是中国共产党人的坚强意志，靠的是革命先烈的流血牺牲，靠的是人民群众的鼎力支持。作为新时代的共产党员，我们应当缅怀革命先烈的丰功伟绩，继承革命先辈的光荣传统，坚定理想信念，爱国爱党爱人民，切实解决好"我是谁、为了谁、依靠谁"这个问题，牢记党的宗旨，全心全意为人民服务。我们要时刻与党中央保持高度一致，不断提高个人的政治理论修养和政治站位，时刻听党指挥，坚决服务人民。

二、 弘扬沂蒙精神，识大体顾大局讲奉献

听着导游的解说，看着眼前的图片，孟良崮战役的战斗场面呈现在我的脑海里。

炮火连天的山路上车轮滚滚，沂蒙人民组成的浩浩荡荡的支前民工大军紧张忙碌地穿梭在大山之中，哪里有伤员哪里就有他们，哪里需要救援哪里就有他们，他们怀着对共产党的无比信任和对人民军队的无限热爱，舍生忘死、参军参战、大力支前、抢救伤员、奋勇杀敌。所有这些都令人肃然起敬，我们真正体会到了革命斗争的残酷，革命胜利果实的来之不易。我们的思想受到了震撼，心灵得到了洗礼。正是由于全体军人、民兵、支前民工的精诚合作、无私奉献、把生死置之度外、全力以赴等革命气概，才取得了战役的巨大胜利。

在参观红嫂影视基地时，我们又一次重温了红嫂们的真实故事。在抗日战争和解放战争中，沂蒙红嫂用乳汁救伤员，沂蒙母亲抚养革命后代，沂蒙妇女勇架火线桥，还有"最后一碗米送去做军粮，最后一尺布送去做军装，最后一件老棉袄盖在担架上，最后一个亲骨肉送去上战场"的动人场面。

习近平总书记在视察山东临沂时指出："在沂蒙这片红色土地上，诞生了无数可歌可泣的英雄儿女，沂蒙六姐妹、沂蒙母亲、沂蒙红嫂的事迹十分感人。沂蒙精神与延安精神、井冈山精神、西柏坡精神一样，是党和国家的宝贵精神财富，要不断结合新的时代条件发扬光大。"

一段波澜壮阔的岁月，让后人刻骨铭心，一种浩气长存的精神，激励着我们走向未来。新中国的诞生是由无数仁人志士坚守革命理想信仰、抛头颅、洒热血、前仆后继、英勇战斗换来的。从参观学习中我们获取了很多人生启迪，吸取了宝贵的精神营养，更加清楚地认识到开展第二批"不忘初心，牢记使命"主题教育的重要性和及时性。

我们应该深刻缅怀老一辈无产阶级革命家、革命先驱的丰功伟绩，珍惜今天来之不易的幸福生活，学习他们为新中国抛弃一切名利地位甚至献出宝贵生命的崇高精神。在平时的工作中，我们要多讲奉献少讲索取，吃苦在前享乐在后，要敢担当有所作为，尽职尽责做出表率。我们要心中有学生，为学生的终身发展而奠基；要心中有责任，坚持教书育人；要心中有戒，堂堂正正教书，干干净净做人；要同一切消极腐化的腐败行为做坚决的斗争。我们要坚持以学促做，知行合一，使党纪条规内化于行，外化于行，努力做优秀的党员教师。

我的教育教学感悟

时间过得真快，又一个学期已经过去。回顾上学期的教育教学生活，总体感觉有忙碌、有快乐、有收获。

从开学初，我就认真制订了各种科学有效的工作计划。在平时的工作中，严格按照各种计划有序地开展教育教学工作。在学校领导、同事们的亲切关怀和帮助下，我非常圆满地完成了本学期的各项教育教学工作，取得了可喜成绩。

在平时的工作中，我认真学习政治理论、教育理论，坚持教书育人，育人为本；热爱教育事业，热爱学生、关心孩子，时刻关注学生的健康成长；坚持从点滴做起，注重过程管理，坚持上好每一堂课，做到精心准备、堂堂精彩，做到教学练同步进行，让每位学生有目的地去学、去练、去巩固，让他们在不断获得成就感的过程中有所进步。

做学生的知心朋友，做学生的贴心导师，与学生打成一片，平等地对待每一位学生，克服与学生年龄差距较大带来的各种不利因素，经常与他们沟通交流，同他们进行思维方面的碰撞，进行心与心的交流；充分利用"网上作业""微信传音"等信息平台，有力促进学生学习英语水平的提高。

积极与学生家长沟通交流，争得学生家长的支持，为学生的课下学习注入动力。通过与学生家长的合作，弥补自己在教育教学过程中，尤其是周六、周日等节假日期间教师对学生无法调控管理而产生的无奈与缺失。应该说，采取这样的方法对大部分孩子的管理起到了很大的作用。学生学习英语的热情比较高涨，学习成绩比较优秀。

在以后的工作中，我将倍加努力地研究教育教学，继续做学生与家长的良师益友，做教育教学的楷模！

家校共育篇

家校沟通，共育未来

——感悟"家长开放日"活动

为了加强学校与家长之间的沟通交流，让家长亲身感受子女在校的学习与生活，走进教室、关注教育，走近孩子、倾听心声，走进学校、携手育儿，今天我校开展了"家长开放日"活动。我们让家长与孩子一起倾听、学习，直观地了解学校的教育理念，体验学校的教学方法，从而更好地观察孩子在校的学习表现。

家长们走进课堂，零距离体验教学情境，了解孩子的学习情况以及教师的教学情况。

通过课堂观摩，家长为新课改下的课堂而感叹，为孩子们的精彩表现而欣慰。家长们通过近距离接触课堂，体验了课程改革的成效，更深地体会到教师的辛苦，更重要的是看到了孩子的优点及差距，可以有针对性地采取措施加强教育。

开放式的教育教学活动，使家长真正走进了学校，缩短了家校之间的距离，形成了家校合力，共同提升了学校教育的实效性，为架起家校之间沟通的桥梁打下了坚实的基础！

交流方法，畅谈经验

——记凤凰小学五年级学生学习方法交流会

尊敬的教师、亲爱的同学们：

下午好！

光阴荏苒，时光如梭，不知不觉中同学们在凤凰小学即将度过五个年头，大家已经从不懂事的孩子成长为梦想的少年。现在同学们毕业在即，紧张的复习正在进行中。为更加圆满地完成五年级教育教学的各项任务，确保每位同学摸索出一套适合自己的学习方法、提高复习效率、争创最佳成绩，今天五年级全体师生在此集会，交流学习方法，畅谈学习经验，完善自己的学习方法，争取最大限度地提高学习效率。我们将用一节课的时间，请五位同学上台发言，讲述自己的学习经验、学习方法。"金风吐睿，锦囊探计"，是本次交流会呈现给同学们的理念。希望通过这次学习方法交流会，同学们能够做到聚力同行，分享共赢。希望各位同学在会议期间，认真倾听，积极反思，学以致用；会后，结合自己的实际，搞好定位，找准方法，轻松复习，不断提高。同时，希望全体同学以这次会议为契机，迅速掀起一个新的学习高潮，严以律己，凝心聚力，互帮互学，共同提高，为自己的小学学习画上一个圆满的句号。

今天会议的议程有两项：

大会进行第一项：有五位同学上台发言，发言者的顺序是马瑞轩、李孜恒、陈梦雨、高佳乐、王明哲。

大会进行第二项：江校长代表学校给同学们提要求和希望。

老师们、同学们，刚才五位同学从不同的层面与大家分享了他们在学习中的宝贵经验与学习方法，应该说这些经验方法是有价值的、质朴的、实用的，是值得大家借鉴学习的。在此，让我们用热烈的掌声对他们的精彩发言表示感谢！江校长给同学们提出了希望和要求，美好的希望帮我们插上了腾飞的翅膀，严格的要求助力我们实现自己的梦想。因此，请大家举起双手，感谢江校长对同学们的厚爱与关心。

学有所思，思有所悟，悟中有动，希望全体同学将本次交流会的精神落实到实际行动上，学用结合，优化自己的学习方法，努力提高学习成绩。同时，期望全体同学加强自我约束，从严要求自己，做一名合格的小学生，为将要开始的初中生活奠定坚实的基础，为即将结束的小学生活画上一个圆满的句号。

下面，我想用一段顺口溜来结束今天的会议。

安全时刻记心间，追逐打闹有危险。

团结互助加能干，勤学善思促发展。

五年铸就少年梦，扬帆起航在今天。

凤凰和美好少年，未来栋梁谱新篇。

谢谢大家！会议到此结束。

家校合力，共育未来

——记凤凰小学五年级一班家长会

教育家苏霍姆林斯基曾说过，最完美的教育是学校与家庭的结合，所以我们要与家长积极联系、沟通，取得他们的支持和理解，在教育孩子的理念、方法、实际操作上达成共识，为我们的孩子插上腾飞的翅膀。

2018年5月14日下午，五年级一班在教室举行家长会，家长们如约而至，积极参加。

我向家长们介绍了家校合一的理念，家长们聚精会神、仔细聆听。王老师与家长分享学生的进步心得、与家长分享学习方法，强调务必做到以科学的方法达到家校共育的目的，让学生在家也能保持良好的学习态度和习惯。

会后，有的家长主动留下与老师进行更进一步的交流，尽力做到家校一致，配合老师共同使孩子成长进步。家长们的信任和配合是我们前进的动力！

通过这次家长会，让我们看到了家长对于学生教育的理念也在不断更新变化，对教育越来越重视，这令我们倍感欣慰。相信有家长与老师携手并进，孩子们的未来会更加光明和灿烂！

共助孩子幸福成长

——记凤凰小学五年级家长会

"教育是什么？教育是一棵树摇动另一棵树，是一片云推动另一片云，是一个心灵唤醒另一个心灵。"

2018年9月5日，高新凤凰小学五年级家长会顺利召开。张慧婷校长为家长介绍了学校教育的基本情况，分享了教育理念，希望家长和老师一起，为即将毕业升入中学的五年级学生创建良好的教育和生活环境。

常树林书记对参加会议的五年级家长表示感谢，希望通过大家的共同努力，把孩子培养好，让孩子幸福成长，并从孩子在校学什么、家长应关注什么、学校特色和师资力量三个方面进行了讲解。

马莹主任对上学年取得的学习成绩做出总结，介绍了新学期的学习计划，对家长的家庭教育提出了宝贵的意见。

本次会议学生家长的参与率超过90%，实在来不了的家长也向班主任提前告知请假，从这一点上看出家长对孩子的重视程度。这说明在家庭教育中，父母双方都在努力。

家长会的气氛热烈，内容充实。家长及学生代表，分别分享了教育和学习经验。让家长们学习到了一些优秀的教育孩子的方法，使自己在教育孩子时，能够选择一个最好的方法处理问题。

家长回到学生就读的班级后，家长与各班班主任、各任科老师进行深入交流和沟通，班主任及任课教师向家长介绍新学期班级教育教学活动计划。

通过这次家长会，各位家长能及时明确子女今后努力的方向，增强家长配合学校教育的意识，明白了陪伴孩子的重要性，这必将对学生素质的提高、学校的发展产生积极的影响。教师也更详细地了解了学生在家的情况，这更有利于今后工作的开展。

对每个家长而言，孩子始终是自己一生最重要的事业，无论在工作中取得了多大的成就，都无法替代孩子幸福成长带来的快乐。孩子们即将在这里开启五年级的学习生活，希望通过我们的共同努力，见证孩子们努力拼搏的时光，把最美的记忆留给孩子。

附：

我在泰安高新区凤凰小学2018年9月5日五年级家长会上的发言稿

各位学生家长：

上午好！

感谢大家在百忙中抽出时间参加我们的家长会。这是学生们进入五年级后的第一次家长会，也是孩子们小学阶段最后一学年的第一次家长会。俗话说得好，"良好的开端是成功的一半"。为了开好头，起好步，给孩子们提供一个科学的、优越的、高效的教育环境，我们决定召开五年级家长座谈会。我们认为这是一个加油鼓劲的大会，是一个寻求家校共育良法的大会，是一个让学生从成功走向更成功的大会。

为把这次会议开好，希望各位家长要认真听会，积极反思，立足实际，制定出一套科学有效的教育方法。

今天，我主要从以下三个方面和各位学生家长进行一个简单的交流。

一、级部的总体情况介绍

（1）现有八个教学班，学生近500人。

（2）上学期班级各学科成绩平均值如下表。

班级	语文	数学	英语	品社	科学	总分
一班	88.23	87.79	83.76	35.31	44.45	346.71
二班	88.11	87.93	84.02	35.8	44.57	347.64
三班	87.5	87.14	82.56	34.26	43.44	342.11
四班	88.2	87.8	83.76	35.75	44.51	347.28
五班	88.43	87.19	85.02	35.98	43.5	347.33
六班	87.54	87.73	82.14	35.52	43.98	344.1

班级	语文	数学	英语	品社	科学	总分
七班	87.58	87.43	84.45	35.28	44.89	346.85
八班	88.23	87.7	84.31	36.9	45.19	349.73
总计平均	87.98	87.59	83.75	35.6	44.32	346.47

（3）学生的总体状况：大部分学生对各科的学习有着比较浓厚的学习兴趣，已经有了一定的知识储备，学习习惯较好，学习方法比较科学，学得比较轻松，学习成绩比较优秀。但是，有少数同学产生了厌学情绪，有偏科现象，学习不得法、厌学、效率低、成绩差。有少数学生听课不认真，课下不做作业或者疲于应付，破罐子破摔，有放弃努力学习的倾向。有的同学不善合作，单打独斗，学习效果欠佳……所有这些严重影响着各科教学成绩的提高，已经成为学生学习中的拦路虎，在以后的教学中急于解决。

（4）教师的配备。教师队伍向五年级大力倾斜、优先安排、精挑细选了经验丰富、敬业爱岗、热爱学生、团队意识强、教学成绩好、教研能力棒的教师。

二、 对教师的要求

教书育人。教书是我们的根本任务，育人是我们的天职。

（1）尽力使学生养成良好的行为习惯（我国著名教育家陶行知先生说："播种行为，就收获习惯；播种习惯，就收获性格；播种性格，就收获命运。"这一育人哲理道出了培养行为习惯的重要性）。

告诉自己，我最棒——养成自信乐观的习惯。

别为说谎找借口——养成诚实守信的习惯。

自己的事情自己做——养成独立自主的习惯。

百炼才能成钢——养成坚忍执着的习惯。

控制了自己才能控制未来——养成自律自制的习惯。

人无礼则不生——养成文明礼貌的习惯。

百善孝为先——养成孝顺父母的习惯。

勤俭是立世之本——养成勤劳节俭的习惯。

重视每一秒的作用——养成珍惜时间的习惯。

留住自己的天赋——养成善于思考的习惯。

善待身边所有的人——养成合群友善的习惯。

用知识创造明天——养成热爱学习的习惯。

（2）尽力不断提高学生的学习力。学习力一般分为学习动力、学习毅力和学习能力三方面。学生学习力的形成与个人的兴趣、学习的氛围、和谐的师生关系、有效的学习方法有着密切关系。

①兴趣的强弱影响学生学习力的高低——"兴趣是最好的老师"。一个人只要对所做、所学的事情有兴趣，他才会有毅力、有动力克服学习中遇到的困难，才会积极主动地去学习，才会想方设法去思考，并千方百计寻求解决的方法。学生只有对学习有兴趣，才能积极主动地探索，主体性才能得到充分发挥。

②良好的学习氛围有利于提高学习力——学生的学习情趣会随环境的变化而变化。团结向上、积极进取的浓厚学习氛围肯定会对每一个学生的学习力产生积极的影响。

③和谐的师生关系是促进学生学习力的良方——"亲其师，信其道"。

④把学习主权交给学生是提高学习力的重要途径。

⑤教给学生学习方法是提高学习力的关键——"授之以鱼不如授之以渔"。平常的教学过程中，要把新知识转化为旧的知识；把难的、复杂的问题转化为容易的、简单的问题。这样，学生在学习过程中就能提升"学习力"。如在学习单词 newspaper 时，为了让学生更容易学会，我把它分解成两个单词 news 和 paper，并向学生解释，news 是"新闻"的意思，paper 是"纸"的意思，那两个组合起来可以理解成报道新闻的纸，也就是报纸，这样学生记得快、记得牢。同样的方法，像 blackboard，postcard 等单词也可以用同样的方法，掌握了这种方法，举一反三，从而提高了学生的学习力。

当然，提高学生的学习力方法很多，在以后的教学过程中我将与家长一道不断地探索，不断地总结。

（3）尽力促进学生的身心健康发展（讲卫生、勤锻炼、善交际、愿交流、会合作、乐助人、爱环保）。

（4）尽力确保学生的人身安全。

（5）尽力保证学生的学业成绩稳中有升，优上加优。

（6）尽力给学生提供愉悦的学习及生活环境。

（7）尽力积极指导学生尽可能多地参加各种有益的课外活动。

三、 家长的任务

（1）做好后勤保障工作（生活、安全、学习等）。

（2）及时与任科教师、班主任、学校沟通，保持信息畅通，及时发现问题，随时沟通交流。

（3）理解教师工作，参与教育教学工作，维护教师形象，支持教育。

（4）处理好课外辅导班学习与全日制校内学习的关系。

（5）充分利用现代化学习工具及学习平台进行有效学习。

（6）切实重视孩子阅读能力的培养。

（7）愉快合作育英才。愉快促和谐，愉快促健康，愉快促快乐，愉快提成绩。

尊敬的各位家长，"望子成龙，望女成凤"是每一位家长的期望。在孩子小学阶段的最后一年，让我们继续携手共进，为孩子的美好明天奠定坚实的基础，为孩子的小学生活画上一个圆满的句号。

家校沟通，助力创城

——记凤凰小学家访活动

为营造良好的教育氛围、助力文明城市的创建，高新区凤凰小学积极践行"走进万千家庭，创城携手同行"的精神，走进家庭，走近学生，用真诚的"零距离"沟通，交流育人思想，传播文明之花。

各级部的家访活动进行得有声有色，老师们走进学生家庭，与家长交流学生的学习和生活情况。同时，也向家长普及并发放了创建全国文明城市的明白纸。

老师们及时做好了家访记录，以亲切、零距离的方式与学生交流，指导作业，讲述创建文明城市的意义。师生在面对面的微笑和交谈中又拉近了距离。

创建文明城市是我们共同的目标和追求，老师与家长面对面的沟通交流、教师诚恳的态度和耐心的讲解，让广大家长进一步了解了创建文明城市的意义，提高了家长对文明城市创建工作的知晓率、参与度和满意度。家长们纷纷表示，创建文明城市关乎千家万户，每一个人都应该参与到创建工作中来。我们的学生更应该在老师和家长的引领下争做创城小使者。

一次次家访，以真诚的家校沟通搭建起美妙的桥梁，浇灌出文明的花朵，让我们的小学生成为文明城市的新名片！祝愿我们美丽的泰安天更蓝，水更清，景更美，人更和！

思维碰撞篇

未来是你们的

——凤凰小学青年教师座谈会

为了促进青年教师的快速成长，及时解决他们在教学过程中遇到的问题，进一步发挥青年教师的教学示范作用，切实促进新入职教师教育教学理念的转变和教学方法的改革，2018 年 10 月 26 日下午由常树林名师工作室组织了此次青年教师座谈会活动，工作室全体成员参加了会议。

我代表工作室谈了此次活动的目的，希望大家能够讨论交流自己的心得体会。

会议内容共分为五项。

第一项，由王老师分享外出学习的感想。王老师提出我们在教学过程中，一是要对课堂有创新，这样才会激起学生无穷的兴趣，在听课过程中，老师采用演话剧及猜一猜等活动，非常有创意；二是要充分调动学生的主动性，发挥学生的主体作用；三是要重视对学生的发展性评价；四是必须做好对课前的充分准备。

第二项，由袁老师分享外出学习感想。袁老师说，我们的课堂切忌死板、了无生趣，必须充分发挥自己的人格魅力，运用好自己的幽默细胞。再就是课堂小组合作必须扎实有效地推进，要真落实、真合作，要用灵活多变的小组讨论形式，真正起到集思广益的课堂效果。

第三项，由潘老师谈自我成长。潘老师总结了入职一年以来的经验与反思，让我们感同身受，受益匪浅……潘老师指出，作为青年教师，首先，要积极认真备课，每节课都要自己钻研教学材料，形成适合自己的教案。其次，作为年轻教师要有活力、有想法、有创意，多听课、多学习借鉴前辈的优秀做法，但也要有个性，形成自己的教学风格。再次，要参加活动锻炼自己，相信努力是不会被辜负的。最后，年轻教师要多吃苦，不怕累，将每一项工作都当作是对自己的历练，在不断的工作中提高自己的教学水平与业务能力。

第四项，张老师分享自我成长经历。张老师首先感谢学校给予年轻教师非常多的学习机会与成长机会，青年教师必须紧紧抓住机遇，快速成长。第一，要言传身教，注重细节；第二，要互相学习，虚心请教；第三，要勤于观摩，克服惰性；第四，要善于总结，扬长避短；第五，要拓宽学习，理论提升；第六，要勤于实践，练好基本功；第七，要突破创新，富有个性；第八，要互相传递正能量。

第五项，由我总结发言。首先，我肯定了我们年轻教师的朝气与活力，年轻教师应充分发挥自己的优势，将热情尽情地抛洒到三尺讲台。其次，我强调工作中要肯吃苦，不怕累，相信这都是对我们的历练，只有这样，我们才能更好更快地成长。年轻教师要善于学习，善于钻研，讲究学习方法，多参加教研活动，打磨好自己的每一节课。

相信通过本次的新教师交流活动，我们年轻教师的课堂会更加注重实效，更加充满色彩，祝愿年轻教师能够快速成长为学校的骨干教师。

你好，老师

——凤凰小学庆祝第 35 个教师节表彰大会

春华秋实，又一年滋兰树蕙；教书育人，再一季桃李芳菲。为了弘扬先进、树立典型、展示凤凰小学教师良好的精神风貌，激励全校教师振奋精神、锐意进取，营造和谐、浓厚的工作和学习氛围，为新学期创造一个良好的开端，2018 年 9 月 10 日，凤凰小学隆重召开了庆祝第 35 个教师节表彰大会。

学生献词。日夜操劳、废寝忘食，被岁月挥去了青春的容颜；孜孜以求、诲人不倦，在大地留下了美妙的篇章。教师用三寸粉笔奋斗在三尺讲台！同学们向老师们献上节日的祝福，表达着对老师们的感激之情，一声"老师您辛苦了，祝您节日快乐！"令在场的老师们动容不已。

张书记宣读表彰决定。在上学年的工作中，凤凰小学全体教职员工兢兢业业，尽职尽责，立足三尺讲台，为学生们的成长成才殚精竭虑，涌现出了一大批工作努力、成绩优异的教育教学工作者。学校决定设置"优秀教师""优秀班主任"等奖项对先进个人进行表彰。

颁奖。受奖教职工上台领奖。

教师代表发言。优秀班主任代表王金凤、优秀教师代表贾苗苗先后发言，发言老师表示，要倍加珍惜学校给予的荣誉，要以此为新的起点，更踏实、更认真、更有效地做好今后的工作，不忘初心，把教育当作毕生的事业来追求，做一盏明灯，照亮学生的前程！

张校长总结发言。张校长对全体教职工致以节日的祝福，向受到表彰的先进个人表示祝贺，对老师们的辛勤付出表示感谢。张校长希望老师们再接再厉，勇敢追梦，用汗水浇灌知识的沃土，用热血培育祖国的栋梁，坚忍不拔、奋力拼搏，一起谱写凤凰小学灿烂辉煌的明天！

知行合一，立德树人

——凤凰小学班主任暨中队辅导员培训大会

碧云天，清风起。为进一步加强班主任暨中队辅导员的管理与建设能力，肯定和推广班主任工作的成功经验，达到相互交流、学习共享管理好经验的目的，2018 年 9 月 24 日上午，我校班主任暨中队辅导员培训在和美厅隆重举行。本次大会共有五项议程：

（1）课例观摩：童迎春老师《文明礼仪伴我行》。

（2）张芹老师汇报"全国中小学主题班会与微班会现场观摩研讨会"心得体会。

（3）优秀班主任代表经验交流分享（周华、程家琦）。

（4）孙安主任带领大家学习《红领巾等少先队标志标识使用规范》。

（5）校长做总结发言。

大会由学校大队总辅导员、德育处孙主任主持。

润泽生命是教育之本，主题班会是学生成长的重要课堂，带着新的思考，童迎春老师为大家带来耳目一新的一堂班会课"文明礼仪伴我行"。聚焦文明，我们怎么做？为了让孩子有效认知、感悟、明理，童老师课堂中的所有情境选择，全部取材于孩子生活中的真实画面，"就地取材"自然而不空洞，真正为孩子带来心灵上的成长，文明礼仪的重要性根植于孩子内心。

随后，张芹老师向大家分享了微班会新概念，让大家明白了精心设计、积极实施、努力上好每一节班会课的意义所在。真实、真诚、真心、真情、真爱这"五真"原则又让我们知道了搞懂自己、读懂孩子、换位思考、将心比心，教育就不难。

班级小活动，创新大视野，工作小事情，人生大情怀。周华、程家琦两位老师向大家分享了她们的班级管理智慧与经验。相信人性的她们热爱教育热爱孩子，追求美好的她们不怕探索努力学习，富有弹性的她们解决问题游刃有余充满智慧，让在场的每一位老师受益匪浅。

爱的教育就是充满人性的教育，就是以心灵赢得心灵的教育。

为进一步规范红领巾等少先队标志标识的使用，维护少先队标志标识的神圣与尊严，号召广大少先队辅导员和队员积极行动起来，坚决杜绝违规使用少先队标志标识事件的发生，孙安主任带领大家学习了《红领巾等标志标识的使用规范》，确保规范使用队徽、队旗等少先队标识。

分管校长在活动后做了总结发言，希望全体班主任要善于解读孩子内心，学会用正确的、正面的、充满真爱的方式去管理学生，努力做一名和善而坚定的好老师，培养一群内心有力量的和美学子！

听者受益匪浅，讲者尽心尽力，与会的班主任深感责任重大。此次培训为班主任和中队辅导员搭建了一个相互交流与学习的平台，对今后班级管理工作起到了促进作用，为学校和美教育打下了坚实的基础。

你的生日，我的中国

——凤凰小学国庆汇报演出

金秋送爽，万里河山披锦绣。

丹桂飘香，各族人民庆辉煌。

在这令人难忘的日子，为了庆祝"十一"，喜迎国庆；为了丰富校园生活，展现五级部师生健康向上的精神风貌，今天，我们欢聚和美厅，用滚烫的赤子之心，用嘹亮的校园凯歌，热爱着慈祥的祖国母亲。

五年级一班演唱《今天是你的生日，中国》。

此时此刻，带着向往，带着憧憬，我们走进祖国希望的明天。我们由衷地祝愿伟大的祖国蒸蒸日上，灿烂辉煌！

五年级二班演唱《歌唱祖国》。

亲爱的祖国啊，你把住新时代的航舵，你用速度，你用实力，创造震惊世界的奇迹；你用勤劳，你用智慧，进行了又一次更加辉煌的开拓。

五年级三班演唱《成长》。

童年，像鲜花一般美好，像黄金一般珍贵；

童年，洋溢着无邪的欢笑，浸润着成长的喜悦……

五年级四班演唱《中国，中国，鲜红的太阳永不落》。

没有任何一种标志，能像鲜红的国旗那样凝聚了华夏儿女对祖国的热爱；

没有任何一种画笔，能像太阳那样把中华儿女对祖国的赞美写向永恒的明天。

五年级五班演唱《红领巾飘起来》。

鲜艳的红领巾与我相依相伴，少先队员是我的称号，红领巾飘起来，队旗飘飘放光彩。星星给我梦，火炬给我爱，亲爱的党对我们关怀。

五年级六班演唱《没有共产党就没有新中国》。

中华人民共和国成立前，战火纷飞，硝烟弥漫，是全国人民在中国共产党的领导下，历尽险阻磨难，方得今天的太平美满。党的领导像火焰，温暖人心，鼓舞人勇往直前，我们相信，没有共产党就没有新中国。

五年级七班演唱《让我们荡起双桨》。

人生最美好的记忆，莫过于在那稚气未脱的岁月里，一起荡起船桨去湖面上泛舟，多么美妙的记忆！像一首首悠扬的旋律在耳畔回响。

五年级八班带来《爱我中华》。

神州呈现着灿烂与文明，山河迸发出激昂与咆哮，五十六个民族用心点燃起五十六支希望的蜡烛。

我演唱《红星照我去战斗》。

红星闪闪亮，照我去战斗；一支粉笔写春秋，满腔热血诉衷情。年过半百的我用兢兢业业去诠释着一个老共产党员的社会主义核心价值观。

向着梦想奔跑

——凤凰小学五年级表彰会

新春伊始，万象更新。在这美好的季节里，为了更好地开启新学期的教学工作，加强家校联系，凤凰小学校委会成员及五级部教师、学生、家长齐聚运动场，召开了表彰大会。

周校长用热情澎湃的声音拉开了本次大会的帷幕。

第一项：为优秀学生颁奖。

家长的陪伴教育，是孩子成长的重要条件，这个光荣的时刻更需要家长们的见证。孩子们拿到了自己的精神食粮——《呼兰河传》。能够被认可，是最让孩子们高兴的事情！小进步，大超越，每一次的进步都是成长记忆中最珍贵的点点滴滴。

第二项：优秀学生代表发言。

王晓晴同学总结了自己的学习方法，手写稿中的一笔一画都透着认真。她与同学们分享：课前预习，认真听课，善于思考，做好笔记，及时复习。这些方法是一个连贯的整体，步步都要做好。有了这些经验分享，相信孩子们会得到学习上的帮助。

第三项：学生家长代表发言。

第四项：优秀教师代表发言。

秦艳慧老师 2017 年加入凤凰小学，所带的班级成绩一直名列前茅。此次，她分享了自己的教学经验：用一颗朴实的爱心去教育每一位孩子；做师德高尚、敬业奉献的教师；打造高效课堂，提高教学水平；因材施教，激发潜力，让每个孩子成人成才。这不仅仅是秦老师的决心，更是五级部每个老师追逐教育梦路上的导航标。

第五项：张校长讲话。

张校长跟大家分享了两个故事。一位清华大学的"学霸"回母校说了三句话：不要以为年纪小就不努力奔跑；世界上最厉害的不是钱袋，而是脑袋；学习上吃苦，一辈子受补。

这是对学生的勉励，教育只有起点，没有终点，在追逐梦想的道路上，只有努力、认真地奔跑，才能看到最美的风景。

张校长还与家长进行了推心置腹的交流：我们提倡民主教育孩子的思想，同时也要把"民主"控制在一定范围内。实际表明，在高强度的要求下，孩子们收获到的成绩很明显会比不受要求时高很多。努力并不一定有收获，但不努力一定不会有收获！

第六项：赵若水同学带领全体学生宣誓。

同学们的声音铿锵有力，表达了自己努力奔跑追梦的决心。

大会的最后，周校长就自己的实际跟在座的家长们分享了自己教育孩子的经验：与孩子进行心灵的沟通，教孩子运用合适的学习方法，多阅读，会阅读，以常态化的方式辅导孩子的学习，联系生活实际与孩子讨论学习问题。

今天的表彰会只是个起点，新学期，我们都要努力，弘扬泰山挑山工的精神，向着未来，向着梦想，做一个努力奔跑的追梦人！

分析研讨明得失

——凤凰小学五级部期中质分会小记

沐浴着和煦的阳光，2019年11月15日下午第一节课后，凤凰小学校领导及五年级全体老师集中在会议室召开了期中考试质量分析会。

我介绍了会议的流程，正式拉开了会议的帷幕。此次会议一改过去的形式，首先由九位班主任对自己班级期中考试的成绩情况进行了分析。

一、分析

九位班主任一一分析了自己班的测试情况，并根据自己班级的特点制定了下一步的改进措施。功夫放在课前，力量用在课内，补习放在课后。平时一定要加强班级管理，培养学生良好的习惯，在班级内营造良好的学习氛围，发挥班干部的带头作用，多与家长交流沟通，与家长达成一致。

于伟主任分析了本次的语文测试情况，她指出这是教材改版后的第一次正式测试，这为我们平时的学习指明了方向，本次测试注重活学活用能力和语言表达能力。所以，在今后的教学中要注重基础，采取多种形式，力求让学生掌握。培养学生的阅读能力，要多让学生说，留给学生足够的自读自悟的时间。要让学生多读书，勤练笔，多进行一些片段练习。老师们平常要加强集体教研，共同研讨，共同进步。

范秀丽老师分析了本次的数学测试情况。从测试来看，学生的审题能力和书写水平有了一定的提高，但是学生的空间思维能力和公式的运用能力有待进一步提高。平常在教学中，老师要加强数学与实际生活的联系，培养学生用心检查、认真计算的习惯，多与学生谈心，多鼓励学生。

潘平平主任分析了本次的英语测试。本次英语试题难度适中，从测试看学生的细心程度还有待进一步的提高。老师们平常要加强对听力、词汇、短语的训练，培养学生对英语的兴趣，早读时让学生张开嘴，大声读英语。

周晓红老师分析了这次的科学测试。学生的学习习惯和书写还需要加强，要重视科学教学，抓基础，重应用。

马聪聪老师对这次的道德与法治测试进行了分析。教材的改版，学习程度的加深，都对老师提出了更高的要求。在平时的教学中，老师们一定要加强教研，强化知识体系，将功夫下在平时，加强练习和辅导。

二、小结

聂校长提道：教师要教会学生自主学习，教学的本质是教学生学，最成功的是学生学得成功，最终目的是学会。作为班主任，要抓学生管理，加强班级治理，抓细节习惯，持之以恒，深入班级，发现问题，勤动嘴，勤动腿，勤动脑。作为任课教师，备、教、批、辅、测，每个环节都要照顾到，如果出现问题，要弄明白到底哪个环节出了问题，以便加以改善。

周校长分享了几点在教学上的注意事项：各科老师一定要统一思想，团结一致，合作共赢，多向经验丰富的老教师请教，加强集体研讨，不要闭门造车。同时，要相信孩子，每一片树叶都是不同的，许多与众不同的孩子在一起才构建了我们班级大集体，作为老师，要珍惜与孩子在一起的缘分。老师还要勤和家长沟通，注意方式，注意技巧，与家长建立良好的关系。对于教材的改版，教师之间要加强教研，研究试题，教学生学习应试技巧，绕着"坑"走。

张校长对班主任和任课老师的发言进行了总结：作为凤凰小学的教师，一定要有过硬的业务素质和政治素质，只要有耕耘，就会有收获，各位老师一定要加强集体备课和集体教研；作为班主任，同时也要兼顾其他学科，统筹前进；平时出现问题，不要拖拉，要找解决的办法，马上整改。现在考试越来越偏向灵活性和综合性，教师要注重平常的积累，有了厚度，才能薄发，同时注意平时的备课，向40分钟要效率。五级部的全体教师要发挥先锋部队的作用，带领孩子进行深度的学习，动脑想策略，将压力化为动力！

最后，我谈到，要善于发现身边的榜样，多向他们学习。我们的境界仍需提高，老师们仍要加油，同志们还要努力！众人拾柴火焰高，我们只有团结一致，才能取得最终的胜利！

会议落下了帷幕，但它只是前进路上的一个小小的里程碑，行百里者半九十，我们五级部的全体老师会继续发扬优点，改正不足，相信孩子，相信自己，争取更上一层楼！

成功就会在那里等着你

—— 我在"凤凰小学 2015 级五年级学生毕业典礼"的致词

老师们、同学们：

下午好。

由于突如其来的疫情的影响，我们度过了一个超长的寒假，经历了假期间网上学习、线上上课的日日夜夜。等待着，等待着，最后，终于等来了复学的日子，宁静的校园又恢复了往日的勃勃生机。

然而，非同寻常的这个学期毕竟是短暂的，我们又到了说再见的时候了。今天，五年级的全体师生在此举行简短的"凤凰小学 2015 级学生毕业典礼"，共同庆贺大家圆满完成小学学业。让我们伸出双手为自己鼓掌吧！

五年的时光既漫长又短暂。同学们，不知你们是否还记得五年前自己的样子。离开父母的怀抱从幼儿园走进小学的校园，你们有几分恐慌，有几分想念，有几分担心，有几分羞涩，内心充满着好奇和期待，有美好的向往和无限的遐想——你们矮矮的个头、胖乎乎的脸蛋、稚嫩的小手、黑色的小辫儿至今仍浮现在老师脑海里。不知不觉中，你们在一天天地成长。斗转星移，四季交替，你们在老师们的呵护下，一、二年级的时候你们懂事了，三、四年级时你们长高了，五年级的你们真的长大了。五年的小学生活是难忘的，五年的学校生活是美好的，五年的小学时光伴随你们告别快乐的童年，步入了懵懂的少年。你们在不断地成熟与长大，个头高了，懂得多了，知识面宽了，习惯好了，懂礼貌了，有爱心了，讲诚信了，懂感恩了……总之，五年小学生活的点点滴滴都在记录着大家的成长轨迹。这些宝贵的学习生活经历将是你们人生中最宝贵的财富，将惠及你们的初中生活、高中学习，是你们考入理想大学的强有力的保障。

时间就像流水，它冲走了砂石和泥土，冲走了枯枝和落叶，冲走了难以忘怀的岁月，冲走了美好的童年时光。渐渐长大的你们已经长成了一个个帅气的小伙、一位位美丽的姑娘，你们将以崭新的姿态去迎接美好的初中生活。同时，你们也将度过一个不一样的暑假。

此时此刻，我不禁想到在英语课上我们刚刚学过的一篇小短文。

This summer holiday is different. Everyone is getting ready for middle school life. We may go to different middle schools next term. So it's time to say goodbye to my teachers and friends.

I will miss my school. I will miss my teachers. And I will miss my friends，too.

I will go to middle school next term.I will have new subjects，so I can learn more. I will make new friends.I will have new teachers.It's really exciting to have a new school，new teachers and new friends.

此时此刻，我禁不住想为大家朗读几句著名作家王蒙先生写的小说《青春万岁》序诗中的部分精彩句子：

> 所有的日子，所有的日子都来吧，
>
> 让我编织你们，用青春的金线和幸福的璎珞，编织你们。
>
> 有那小船上的歌笑，月下校园的欢舞，
>
> 细雨蒙蒙里踏青，初雪的早晨行军，
>
> 还有热烈的争论，跃动的、温暖的心……
>
> 是转眼过去了的日子，也是充满遐想的日子，
>
> 纷纷的心愿迷离，像春天的雨，
>
> 我们有时间，有力量，有燃烧的信念，
>
> 我们渴望生活，渴望在天上飞。
>
> 是单纯的日子，也是多变的日子，
>
> 浩大的世界，样样叫我们好惊奇，
>
> 从来都兴高采烈，从来不淡漠，
>
> 眼泪，欢笑，深思，全是第一次。
>
> 所有的日子都去吧，都去吧，
>
> 在生活中我们快乐地向前，
>
> 多沉重的担子，我不会发软，

多严峻的战斗，我不会丢脸，

有一天，擦完了枪，擦完了机器，擦完了汗，

我想念你们，招呼你们，

并且怀着骄傲，注视你们！

美好的小学生活即将画上圆满的句号，迎接你们的是一个个新的挑战。有人说，心有多大，舞台就有多大；我们说，只要心存梦想，成功就会在那里等着你！

在此，我们全体教师祝愿同学们，在今后的日子里，情系祖国，放眼世界，怀揣梦想，勤于学习，刻苦钻研，撸起袖子加油干，拼初中，战高中，考上理想的大学，为母校争光，为我们伟大的祖国贡献自己的聪明才智。

专业发展，助力成长

——我在"凤凰小学新教师培训会"上的讲话

祝贺各位已经成为凤凰小学的一分子！你们是优秀的，在众多报考的考生中，你们能过五关斩六将，脱颖而出，实属不易，值得骄傲，值得学习。当然，在欢呼胜利的同时，也要保持清醒的头脑，因为，这只是你们新生活的开始，你们的工作之路还很长很长，毫不讳言，在你们的面前，还有许许多多的挑战等着你们。因此，我想借今天这个机会，同大家分享一下我的几个想法，不当之处，敬请批评指正。

1.热爱教师职业，热爱每位学生

2.谦虚认真，不断学习，迅速成长

（1）积极的工作态度。

（2）向身边的教师学习。

（3）挑战自我，勇于实践，展示自己。

3.做好自己的人生规划，尽快促进专业成长

人生短暂，但成功的过程是艰难而漫长的。每位成功教师的背后都有很多不为人知的艰苦努力及汗水，甚至是辛酸的泪水。

（1）推进泰安市教育局人才递进工程的相关工作。

（2）推进教师专业技术职务评审的相关工作。

（3）推进名师工作室的相关工作。

（4）自己搞好定位。

4.重视质量，重视教研

教学质量是评价教育教学的重要因素之一。没有教学质量的教育是学生不喜欢的教育，没有教学质量的教育是家长不认可的教育，没有教学质量的教育是社会不满意的教育。

在重视教学质量的同时，一定要重视教研。实践研究表明，只谈质量不抓教研的教育，不会走得很远。因此，好的教学质量离不开强有力的教育科研做保障，只有抓教研才能促质量，只有抓教研才能保质量。

（1）重视常规。

（2）重视过程管理：坚持上好每一节课，坚持调控、管理好学生的每一天。

（3）积极参加各种教研教改活动。

（4）不断调整教学思路，重视方法，科学施教。

5.坚持教书育人，认真履行职责，做到"一岗双责"，依法从教，安全执教

总之，课堂是教学的主阵地，教育科研是提高教学质量的金钥匙，工作态度是搞好教育教学的前提，勤奋努力是优秀教学成绩的保障。

以一种严谨、积极向上的工作态度，火热的工作热情，坚持教研教改，在课堂教学这个主战场上，脚踏实地，任劳任怨，开拓进取，不断创新，创造辉煌！

求真务实

——我在"凤凰小学五年级上学期质量分析会"的讲话

本学期，在学校的正确领导下，在各职能部门的大力关心和支持下，五级部全体教师营造了和谐的团队氛围，彼此支持与信任，保持着饱满的工作热情。本着"求真务实"的工作作风，全体教师努力更新教育教学观念，齐心协力，同舟共济，圆满完成了本学期的各项工作。为发扬成绩，克服不足，坚持"在反思中总结，在总结中调整，在调整中进步"的原则，现将本学期的工作总结如下。

一、 讲大局乐奉献

（一）理论学习常抓不懈

认真落实学校的工作安排，结合本级部特点，充分利用教师例会，定期开展形式多样的学习活动，利用级部例会及时传达落实学校的各种会议精神。开学初，江校长在全体教师大会上带领我们学习了学校制定的各项规章制度，要求老师们自律、自省，自觉规范自己的言行，学习师德规范，让每一位老师牢记要为人师表，把自己当成一名服务者，真心关爱每一个学生。老师们把这些培训谨记在心，把它们融入工作实际中，内化为一种坚实的心理契约。整个级部的老师精神风貌好，工作热情高，工作干劲足。

（二）爱岗敬业，虚心学习，各领风骚

众所周知，教育工作离不开一个"爱"字，没有爱的教育是不成功的教育。孙璐璐老师最年轻，觉得自己经验不够，为了对班级学生有一个全面的了解，她虚心请教，主动向有经验的教师学习，一起研究教育教学的有效方法，积极与学生家长进行沟通，从家长那里了解每一个学生的第一手资料，她的副班主任工作得到了班主任、学生家长的肯定与赞扬。李超祥、宋绍清是两位对学生特别有爱心和耐心的老师。李超祥老师已经 55 岁，但仍然战斗在教学一线，并担任班主任工作，天天早来晚走，中午坚持看班，教育教学成绩比较突出。宋绍清老师是学校的教科室主任，同时又是五年级五班的班主任、语文教师，她的班主任工作有声有色，扎实有效，她常常与学生、家长进行交流和沟通，虽然遇到过迷茫、遇到过阻碍，但是她的工作得到了家长和孩子们的认可。刘清艳老师坚持每天辅导学生，虽然班上有几个比较顽皮的孩子，但刘老师在空闲时间里，经常与学生交流、谈心，在她的耐心教导下，孩子们在遵守纪律、学习成绩方面有了很大的进步。赵新华老师是办公室的"开心果"，她教育孩子的方式十分柔和，总是耐心地和孩子们讲道理，并让孩子们渐渐开怀，努力做好；有时候其他老师遇到不顺心的时候，她总是能用她的幽默使老师们开心！值得一提的是，聂华强、赵玉军、王笃庆、孙立强四位主任，工作上总是毫无怨言，勇挑重担。丁茂荣老师虽然在我们中算是大姐，但她还是尽心尽职，无论是生活还是教学上，都起到了很好的带头作用。马翠兰、羊兴菊、刘光美、周生艳老师就更不用说了，工作井井有条，班副工作做得到位，尽心尽力地协助班主任做好班级工作。另外，级部其他科任老师也都能认真负责，乐于奉献。

（三）安全责任意识强

学校安全无小事，安全教育永远放在第一位。在学校安全办的领导下，级部所有教师做到"一岗双责"，到岗到位，在自己负责的区域内站好岗，把好安全关，确保不出安全事故，并能做到细心观察，认真巡视，及时发现问题、解决问题，做到安全教育警钟长鸣，将安全事故消灭在萌芽状态。遇到恶劣天气，老师们会特别注意提醒孩子们慢行；经常组织学生开展安全事故在我心中的主题班会，如交通安全、食品安全、溺水安全、课间安全，教育孩子们提高安全意识。

二、 讲团结促和谐

全体教师是一个不可分割的集体，大家无论是在工作上，还是在生活上，都互相关心、互相帮助，是一个团结、和谐的团队。这里有教师和教师的和谐、教师和孩子的和谐、孩子和孩子的和谐，还有教师和家长和谐。杰出的业绩由和谐的团队创造，和谐的团队具有强大的凝聚力。我们级部全体师生在学校开展的各种活动中，团队的凝聚力得以充分表现。无论是在"文明办公室创建""秋运会娱乐比赛""创城迎审""志愿者活动"，还是在"学生体质检测""读书活动""数学竞赛""小小实验家比赛""教育均衡县验收""社会实践""新年联欢"等活动中，都能看到五级部全体教师团结和谐、凝心聚力、积极向上的精神风貌。

（一）积极发挥级部的战斗堡垒作用

（1）落实级部管理的各项工作。遵循"超前计划、充分准备、内容充实、渗透问题"的原则，做到主题鲜明，重点突出，解决实际问题，不搞形式主义。

（2）加强团结与协作。学科之间、教师之间、班级之间，不说不利于团结的话，不说消极的话。大家互相提醒，互相鼓励，互相帮助，创设和谐友好的级部氛围，让老师们教得开心，生活得舒心。

（3）多措并举，激发级部活力。配合学校各职能部门，建立相应的级部管理机构，充分发挥干部的积极带头作用，促使学生的自我教育及自我管理常态化，强化日常行为规范的自觉性教育，借助星级班级、卫生示范班级、德育之星、学习之星、后起之秀及其他比赛活动的评比，及时抓住典型，弘扬正气，榜样引路。

（二）积极发挥班主任在教育管理中的核心作用

班主任和任科教师应积极主动地互相沟通信息，寻求帮助，诚心实意地交流思想，寻求共识。学校每周召一次全体教师会议，及时传达学校的例会精神，不折不扣地按时完成学校各部门安排的各项工作；认真组织教师学习，讨论工作中出现的各种问题，各抒己见，在平等协商的气氛中提出问题、分析问题、解决问题；要创造性地开展工作，使整个级部的工作得以顺利地开展。

（1）班主任要发挥核心作用，协调教师关系；抓好四个落实：落实日常管理，落实班会主题，落实重点学生，落实经验交流。

（2）各班要抓住班级文化建设这一契机，搞好班风建设。

（3）加强真空时间管理，强化早上到校、午间饭空、下午放学时间段的管理力度，杜绝安全事故的发生，同时真正做到严肃纪律，端正班风，促进学风。

（4）及时调整学生的精神状态。解决课堂上不作为、不投入、不合作行为，向课堂40分钟求效益、要质量，打造高效课堂。

（5）重视"学校、社会、家庭"三方共建的作用，借助社会、家庭的力量，促进级部、班级的健康高效发展。

"众人捧柴火焰高"，学校里的每一项工作都要齐心协力、互帮互助，只有团结、和谐的集体才能圆满完成任务。在此，非常感谢学校领导、各部门对五年级工作的支持！

三、重过程抓质量

五年级是学生在小学的最后一个学年，是非常关键一年。五年级学生面临着初中升学，教学任务十分繁重，再加上六三制改五四制，数学学科需提前学部分内容，这就更加重了教学任务。因此，如何在有限的时间内保质保量地完成教学任务并取得好的教学成绩，成了摆在全体教师面前的一个课题。

（一）脚踏实地，抓好常规

全体教师本着"严、细、实、恒"的原则，坚持做好常规工作，围绕着"如何提高课堂教学效率"这一主题开展一系列的教研教改活动。每位教师认真研究教材，坚持备好每一节课，积极从教材中挖掘出培养学生能力的因素，建立教学上的最佳工作点；在备教材、备教法的同时，教师们重视研究学生，着力于研究如何充分调动学生的积极性，使大部分学生在克服困难的前提下学到更多知识，增长能力，大面积提高教育教学质量。

（二）互帮互学，共同成长

各位教师除积极参加学校教科室组织的各种听评课活动外，我们五年级的老师也相互听课，取长补短，针对教学中的困惑相互质疑、相互讨论。老师们还经常在办公室研究备课、研究学生、研究课例，处处见到的是老师们忙忙碌碌的身影，听到的是激烈争论、耐心辅导、循循善诱的说话声。老师们不仅把自己做的课件和教案发给大家，而且在研讨活动中，互相帮助解决共同的疑惑，毫无保留地与同学科老师分享有效的教学指导方法，形成了"群策群力、优势互补、资源共享、双赢共进"的氛围。正是因为教师们的精诚合作，五级部的教育教学工作得到了健康的发展。

（三）学习榜样，争做先进

针对高年级小学生的心理特点，为了全面推进素质教育，我校建立健全学生的评价机制，全面客观地评价学生，激励学生勤奋学习、积极向上、实现自身价值，引导学生学会做人、学会做事、发展特长，树立正确的人生观、价值观。根据学校"一级一品"的评价理念，我们制定了五年级"每周之星"评选方案。我们的评选宗旨是：

使学生放飞理想，展示自我，张扬个性，体验成功。从学生学习生活实际出发，根据他们的具体表现，每周评选一期"守纪""学习""文明""进步""卫生""文体""勤奋"之星，张榜宣传，同时给上一周的"每周之星"拍照留念，并利用微信上传，以资鼓励。这样做的目的在于抓住学生的闪光点，及时激发学生积极向上的意志品质。

四、 努力方向

（1）今后应更加注重学生良好学习习惯和文明礼仪的培养，抓好常规教育，提高学生的学习兴趣。

（2）开展丰富多彩的级部活动，让学生和老师过得更开心、快乐，进一步增强五级部的凝聚力。

（3）更加创造性地开展各项工作，把各项工作做得更好。

（4）进一步增强质量意识，更加科学合理地落实好学校的各项管理制度，消灭薄弱学科，进一步提高级部的整体成绩。

（5）继续强化学校、社会、家庭三方共建的作用，借助社会、家庭的力量，促进级部、班级工作的健康高效发展。

在今后的工作中，我们将会继续努力，本着"求真务实，开拓创新"的积极态度，继续发扬团结协作、无私奉献的精神，力争使本级部的工作迈向更高的台阶。